AF297136

EXPOSITION UNIVERSELLE DE 1867

A PARIS

EXTRAIT

DES

RAPPORTS DU JURY INTERNATIONAL

PUBLIÉS SOUS LA DIRECTION

DE M. MICHEL CHEVALIER

ROUTES, PONTS

NAVIGATION INTÉRIEURE, FONDATIONS, ETC.

PAR

M. E. BAUDE,

Ingénieur des Ponts et Chaussées.

PARIS

IMPRIMERIE ET LIBRAIRIE ADMINISTRATIVES DE PAUL DUPONT

43, RUE DE GRENELLE-SAINT-HONORÉ, 43.

1867

1868

I

ROUTES ET PONTS, NAVIGATION INTÉRIEURE, FONDATIONS ET OPÉRATIONS DIVERSES.

Les pages suivantes ont pour objet de montrer quel est l'état présent de l'art de l'ingénieur dans quelques-unes de ses branches principales. Dans ce travail sommaire, il a été impossible de décrire en peu de mots et sans dessins les ouvrages mentionnés, ainsi que de citer les noms de tous ceux qui ont pris une part active à leur exécution. Pour plus de développements, le lecteur devra recourir aux notices publiées à l'occasion de l'Exposition Universelle, notamment à celles qui ont été libéralement distribuées par le ministère des travaux publics de France, et aux documents spéciaux que nous citerons au besoin.

Les travaux publics ne sont représentés à l'Exposition Universelle de 1867 que par un petit nombre de pays : on ne saurait apprécier, d'après ce qu'ils ont envoyé, la valeur relative de cet élément de leur puissance nationale, la partie essentielle du grand outillage de l'industrie, celle qui réduit les frais de transport, fraction si importante du prix de revient de tous les produits ; nous nous sommes donc cru autorisé à sortir de l'enceinte de l'Exposition pour rendre, autant qu'il dépendait de nous, moins défectueux et moins incomplet le tableau que nous avions à tracer.

Ce travail se divise en cinq chapitres, où sont traités les routes, les ponts et viaducs, en maçonnerie et en métal, les travaux de la navigation intérieure, les systèmes de fondation, et diverses opérations qui intéressent directement l'exécution des travaux publics.

CHAPITRE I.

ROUTES.

Le sujet de ce chapitre paraîtra peut-être de peu d'importance, en présence du spectacle de l'Exposition Universelle et des merveilleux résultats des voies de communication perfectionnées dont elle offre à chaque pas, et dont elle est elle-même l'éclatant témoignage. Cependant des faits récents rendent opportunes quelques observations sur notre ancien système de viabilité. Le développement des chemins de fer a produit une révolution aussi rapide que profonde et bienfaisante dans les habitudes du commerce, de l'industrie, de la vie publique et privée; il n'a pas affaibli l'intérêt qui s'attache aux routes de terre : les routes sont devenues leurs affluents et leurs auxiliaires les plus féconds; elles n'ont rien perdu de leur utilité pour les usages ordinaires de la vie. Bientôt les voies rapides, spécialement affectées aux transports à grande distance, seront équitablement réparties sur le territoire de la France; ce que réclament dès à présent l'agriculture, l'industrie et les relations quotidiennes de toute nature, c'est un système complet qui rende accessible à tous, dans un temps n'exigeant pas plusieurs journées de déplacement, les voies principales du réseau ferré. Les routes sont restées le seul moyen d'obtenir promptement ce résultat, le seul qui se prête à toutes les configurations du sol : elles immobilisent en frais de premier établissement un capital comparativement très-faible, et elles desservent directement la grande majorité de la population. Quelques indications numériques, mises en regard de celles qui concernent les chemins de fer, ont été groupées dans le tableau ci-joint, non dans le but d'atténuer en quoi que ce soit l'importance et l'utilité des chemins de fer, mais seulement pour mieux faire ressortir toutes celles que les routes ont conservées.

Personne n'ignore que la source de la prospérité des chemins de fer est dans les parcours partiels; cette vérité a été mise en évidence dès leur origine : une tonne de marchandise n'y parcourt en moyenne que 152 kilomètres; un voyageur, seulement 43 kilomètres. Faire que la multitude des petites stations devienne d'un accès facile et accroître leur trafic dans une proportion faible pour chacune, mais considérable pour l'ensemble, est un objet d'un intérêt beaucoup plus général et plus élevé que d'immobiliser l'épargne du pays dans des entreprises moins que rémunératrices, au profit de quelques localités privilégiées.

Au moment où nous sommes arrivés, on peut se demander quel parti serait le plus profitable à la nation, d'appliquer les ressources de l'impôt au développement des chemins de fer d'intérêt local, ou à l'achèvement de nos voies de terre et d'eau, et particulièrement de notre réseau vicinal. L'exemple de certains pays qui ont étendu prématurément leur réseau ferré, avec des capitaux étrangers, il est vrai, doit nous engager à ne prendre une détermination qu'avec prudence; les symptômes que révèlent les tableaux statistiques du mouvement de la population doivent nous inspirer plus de réserve encore.

Chaque système de voie de communication a des propriétés spéciales qu'il faut éviter de confondre : les chemins de fer sont de puissantes machines, nécessitant des frais généraux énormes; ils ne peuvent donner de résultats profitables qu'à la condition de répartir ces frais généraux sur une grande masse de produits, de manière que la fraction restant à payer par

chaque unité soit minime. Sauf de rares exceptions, les voies
ferrées qu'on met en avant aujourd'hui ne sont pas dans ce
cas ; le tonnage qui s'offre à elles est insuffisant ; les petits
chemins de fer exécutés dans ces dernières années ne payent
même pas leurs frais d'exploitation ; ils ne se soutiennent que
parce qu'ils ont été imposés d'autorité à des compagnies puissantes ; ils n'offrent pas le caractère d'institution locale des
chemins de fer d'Écosse, qu'on a voulu leur comparer. Tout
ce que de semblables institutions ont à réclamer de l'État, c'est
la liberté d'agir et l'appui moral, non le concours pécuniaire ;
celui-ci doit être réservé pour des intérêts publics plus pressants. C'est ce que les indications suivantes feront peut-être
saisir avec plus de netteté : elles moutreront que l'entreprise
de nos voies de terre, quoique plus ancienne, est, en fait
moins avancée que celle des chemins de fer ; il est urgent de
faire cesser une inégalité choquante, et on peut le dire, sans
être taxé d'exagération, nuisible à la prospérité du pays.

de premier établissement un capital comparativement très-faible, et elles desservent directement la grande majorité de la population. Quelques indications numériques, mises en regard de celles qui concernent les chemins de fer, ont été groupées dans le tableau ci-joint, non dans le but d'atténuer en quoi que ce soit l'importance et l'utilité des chemins de fer, mais seulement pour mieux faire ressortir toutes celles que les routes ont conservées.

Personne n'ignore que la source de la prospérité des chemins de fer est dans les parcours partiels; cette vérité a été mise en évidence dès leur origine : une tonne de marchandise n'y parcourt en moyenne que 152 kilomètres; un voyageur, seulement 43 kilomètres. Faire que la multitude des petites stations devienne d'un accès facile et accroître leur trafic dans une proportion faible pour chacune, mais considérable pour l'ensemble, est un objet d'un intérêt beaucoup plus général et plus élevé que d'immobiliser l'épargne du pays dans des entreprises moins que rémunératrices, au profit de quelques localités privilégiées.

Au moment où nous sommes arrivés, on peut se demander quel parti serait le plus profitable à la nation, d'appliquer les ressources de l'impôt au développement des chemins de fer d'intérêt local, ou à l'achèvement de nos voies de terre et d'eau, et particulièrement de notre réseau vicinal. L'exemple de certains pays qui ont étendu prématurément leur réseau ferré, avec des capitaux étrangers, il est vrai, doit nous engager à ne prendre une détermination qu'avec prudence; les symptômes que révèlent les tableaux statistiques du mouvement de la population doivent nous inspirer plus de réserve encore.

Chaque système de voie de communication a des propriétés spéciales qu'il faut éviter de confondre : les chemins de fer sont de puissantes machines, nécessitant des frais généraux énormes; ils ne peuvent donner de résultats profitables qu'à la condition de répartir ces frais généraux sur une grande masse de produits, de manière que la fraction restant à payer par

L'examen de ce tableau nous apprend que le système de nos routes impériales et départementales est à peu près complet; sur les chemins vicinaux, il reste à faire les fractions suivantes de la longueur totale :

Chemins de grande communication............	0,13
Id. d'intérêt collectif...................	0,39
Id. ordinaires	0,66

Cette tâche se trouve très-inégalement répartie entre les départements; elle retombe plus lourdement sur les pays pauvres et d'accès difficile, qui se trouvent par conséquent de plus en plus retardés par rapport aux provinces riches et pourvues, depuis longtemps, de toute espèce de moyens de transport. Pour mieux faire sentir cette inégalité, on peut dire, en poussant les choses à l'extrême, que la population de l'empire est divisée en deux parties : au point de vue des chemins de fer, l'une, pourvue convenablement, d'après le plan arrêté pour l'achèvement complet du réseau, à raison de 1,809 habitants par kilomètre, s'élève à 28,500,000 habitants; l'autre, qui en est privée, serait de 9,500,000 habitants ; au point de vue des chemins vicinaux ordinaires, une partie du territoire est convenablement desservie à raison de 1 kilomètre par 108 habitants; elle compte 12,700,000 habitants ; l'autre partie non desservie comprendrait 25,300,000 habitants. Ces citations n'ont d'autre objet que de donner une idée de l'état d'avancement relatif du réseau des chemins de fer et de celui des chemins vicinaux.

En ce moment, si l'on a 1 million à dépenser en voies de communication, on pourra l'employer, soit à exécuter 5 kilomètres de chemin de fer d'intérêt secondaire, à raison de 200,000 francs par kilomètre, soit 250 kilomètres de chemin vicinal ordinaire, à raison de 4,000 francs par kilomètre; dans le premier cas on donnera satisfaction aux besoins de 12,080 personnes, à raison de 2,416 par kilomètre; dans le second cas, on en desservira plus de 80,000, à 323 par kilomètre.

Les départements en retard ont cependant contribué à l'établissement des voies de communication dispendieuses dont ils tirent un moindre profit que les autres; leur situation ne pouvait manquer d'attirer l'attention bienveillante du gouvernement; en 1864, une subvention de 25 millions a été accordée sur le budget de l'État, pour l'achèvement des chemins d'intérêt collectif; le 15 avril 1867, une lettre de l'Empereur a ordonné l'étude d'un projet d'achèvement des chemins vicinaux ordinaires, dans un délai de dix ans. Cette opération entraînerait une dépense de 800 millions, à laquelle il serait pourvu de la manière suivante :

1° Par la dotation actuelle des chemins vicinaux ordinaires, qui s'élève à environ 41 millions par an, soit pour dix ans.............. 410 millions.

2° Par des ressources exceptionnelles créées par les communes; ces ressources seraient obtenues par la création d'une caisse spéciale des chemins vicinaux, fonctionnant sous la garantie de l'État; elle se procurerait de l'argent par l'émission de titres analogues aux obligations de chemins de fer, et ferait aux communes des prêts consentis à un taux d'intérêt de 4 pour 100, y compris l'amortissement, et remboursables par annuités de 30 ans, ce qui réduirait les charges communales à 8 millions par an; soit de cet article...................... 200   —

3° Par des subventions fournies par les départements, dont un grand nombre ont fort avancé le réseau de grande communication et se trouveront, de ce fait, dégrevés d'environ 10 millions par an; soit pour dix ans........ 100   —

4° Par des subventions accordées par l'État. 100   —

Total........... 810 millions.

L'opération des chemins vicinaux a été entreprise en vertu de la loi du 21 mai 1836; par son influence sur la prospérité publique, malgré ses apparences modestes, elle entre en parallèle avec les plus importantes œuvres du siècle ; au moment où nous sommes arrivés, le service le plus signalé qu'on puisse rendre au pays est d'en hâter l'achèvement, et les résultats seront d'autant plus grands qu'elle sera plus promptement terminée. L'administration s'est mise immédiatement en mesure de satisfaire à la volonté impériale ; les commissions départementales ont commencé leurs travaux. Mais ce n'est qu'à la condition d'écarter les questions personnelles et politiques et d'apporter dans l'exécution une suite, une unité de vues et une fermeté constantes, que la tâche peut être accomplie dans le délai fixé. A cette occasion, il convient de rappeler les résultats remarquables signalés dans une notice publiée par M. Marchal, ingénieur en chef du département de la Mayenne, à propos de discussions qui ont eu lieu récemment dans le sein du Corps législatif.

Circulation. — Le ministère des Travaux publics de France a exposé une carte représentative du nombre des colliers qui parcourent journellement les différentes parties de nos routes ; ce document montre une fois de plus qu'elles rendent toujours les mêmes services. Voici, en effet, les résultats des derniers comptages exécutés en 1864, rapprochés de ceux qui ont précédé ; ils ne concernent que les routes impériales, celles qui ont été le plus directement influencées par la création des chemins de fer.

ANNÉES.	NOMBRE de colliers.	TONNAGE kilométrique quotidien.
1852............	248	141
1857............	246.5	142.5
1864............	237.5	136.5

La petite diminution observée doit être attribuée aux départements annexés et aux nouvelles routes qui, toutes, sont construites dans les régions montagneuses. Il y a eu en général augmentation du poids utile par collier ; ce résultat est dû principalement à la suppression des services de voyageurs les plus importants ; mais on ne saurait nier que le bon entretien des chaussées y participe. Il y a deux cents ans, les chevaux de roulage ne traînaient que 500 kilogrammes ; en 1825, on ne dépassait guère 700 kilogrammes en hiver et 850 en été ; aujourd'hui on admet que le chargement d'un cheval peut atteindre 1,000 à 1,250 kilogrammes. Malgré le renchérissement de toutes choses, les prix de transport sur les routes ont éprouvé une diminution correspondante ; pour transporter une tonne de marchandises à un kilomètre, on payait, de 1808 à 1812, 0 fr. 33 ; de 1825 à 1830, 0 fr. 25 à 0 fr. 28 ; aujourd'hui, le prix est de 0 fr. 18 à 0 fr. 20.

Entretien. — Ces chiffres font bien ressortir l'importance capitale du bon entretien des routes ; une diminution de 1 centime sur le prix du transport de la tonne kilométrique procurerait au public une économie de plus de 30 millions par an sur les routes impériales seulement.

Ce n'est qu'au prix d'efforts de tous les instants que les améliorations dans ce sens peuvent être réalisées ; deux méthodes sont suivies : celle des rechargements généraux s'applique aux chaussées les plus fréquentées ; celle qui est connue sous le nom du *point à temps* est la plus convenable pour la plupart de nos routes. L'usure des chaussées varie beaucoup suivant leur fréquentation ; quand elles ont été bien établies, elles peuvent se conserver assez longtemps dans des conditions satisfaisantes à peu de frais ; il en résulte malheureusement qu'on est souvent disposé à se faire illusion sur le véritable état des choses ; un moment arrive où l'épaisseur de la chaussée se trouve réduite à un degré tel que la moindre cause peut occasionner son défoncement ; elle est alors irrévocablement perdue ; en d'autres termes, une chaussée représente un capital qui conserve toute sa valeur si l'entretien est fait de manière à compenser l'usure annuelle de sa superficie; mais, s'il n'en est pas ainsi, la valeur de ce capital diminue rapidement et progressivement chaque année, et il arrive un moment où elle se trouve subitement anéantie. L'insuffisance des crédits accordés, qui s'élèvent sur le prochain exercice à 24 millions pour les routes impériales, est généralement admise; on reconnaît même que pour ramener ces routes à l'état d'entretien normal, il y aurait, dès à présent, à faire une dépense de 75 millions; cette dépense ne peut que s'accroître d'année en année, et dans une progression menaçante, s'il n'y est pas pourvu promptement.

En résumé, deux questions de la plus haute gravité appellent en ce moment l'attention sur nos voies de terre. Au sujet de l'achèvement des chemins vicinaux, nous avons cité des documents et des résultats numériques qui semblent propres à mettre en évidence le véritable intérêt public en cette question. En présence de ces résultats, il est permis de se demander s'il n'y a pas une exagération dangereuse dans l'entraînement qui porte plusieurs départements à entreprendre un réseau de chemins de fer d'intérêt local, avant d'avoir terminé les travaux nécessaires pour donner satisfaction à des besoins beaucoup plus pressants, plus généraux et plus respectables. Au sujet de l'entretien des routes, nous n'avons fait que rappeler des considérations présentes à l'esprit de tous les ingénieurs.

CHAPITRE II.

PONTS ET VIADUCS EN MAÇONNERIE.

§ 1. — Ponts.

Ces ouvrages sont construits de préférence en pierre; quels que soient les progrès réalisés par le travail des métaux, cette préférence se maintient, car aucune espèce de matériaux ne présente au même degré les avantages de durée, d'économie, de facile entretien et d'aspect monumental que l'on recherche dans les travaux de cette importance. Quoique l'art d'établir les voûtes soit bien ancien, il n'est pas cependant resté stationnaire entre les mains des constructeurs modernes; les grands ponts, qui étaient, il y a peu d'années encore, des ouvrages exceptionnels, se sont extraordinairement multipliés; on s'est rendu un compte plus exact de leurs conditions de stabilité, et nous savons maintenant les élever à moins de frais, avec plus de hardiesse et de rapidité.

Ponts de Paris. — Depuis 1852, quatorze ponts ont été construits ou refaits sur la Seine, dans l'enceinte de Paris; trois seulement sont en fer; tous les autres sont en maçonnerie. Ils ont été décrits de la manière la plus complète dans une notice historique insérée au deuxième volume (année 1864) des *Annales des ponts et chaussées.* Les chiffres cités dans cet ouvrage montrent que les ponts en pierre sont moins coûteux à Paris que les ponts en métal. La dépense varie, dans les conditions ordinaires, entre 307 et 399 francs par mètre superficiel de tablier; elle est en moyenne de 350 francs. Plusieurs de ces monuments ont témoigné de progrès importants réalisés dans l'art de bâtir, sans parler de l'arche de 31 mètres, surbaissée au dixième, du Pont-au-Double, exécutée en petits matériaux hourdés en ciment de Vassy, et datant déjà de 1847, système qui, depuis, a rendu tant de services; tel a été l'emploi du ciment de Portland au pont Saint-Michel, en 1857.

Pont Napoléon, à Saint-Sauveur (Hautes-Pyrénées). — Ce pont a été construit sur le gave de Pau pour le passage de la route impériale n° 21, en 1860 et 1861; il se compose d'une arche en plein cintre de 42 mètres d'ouverture et de 1^{m}45 d'épaisseur à la clef; sa chaussée est à plus de 65 mètres au-dessus des eaux du gave. Dans le site sauvage et grandiose où il est placé, cet ouvrage produit l'effet le plus pittoresque. Il a coûté 318,636 francs.

Pont d'Albi (Tarn). — Il remplace un ancien pont devenu insuffisant. Son axe fait avec la direction des rives un angle de 74°, et la chaussée offre une pente de 0^m042 par mètre. Il est formé de cinq arches en plein cintre de 27^m60 d'ouverture. Ce pont est en briques; il est assez difficile, sans le secours de figures, de décrire ses dispositions; elles sont analogues à celles du pont biais construit à Chartres en 1847. Chaque arche se compose de cinq arcs parallèles appareillés droits, ayant 1^m714 de large, séparés par des espaces vides de 0^m857. Ces arcs sont en retraite les uns sur les autres de 0^m731 au plan des naissances, de manière à racheter le biais du passage; ils ont 1^m80 d'épaisseur à la clef, et 2^m20 aux naissances. Les tympans sont formés de trois arceaux évidés en plein cintre de 4 mètres d'ouverture, dont les naissances extrêmes portent sur les grands arcs, et les naissances intermédiaires sur des pieds-droits. Ce système a permis de réduire considérablement le volume des maçonneries, et d'employer presque exclusivement la brique du modèle ordinaire; il a procuré des économies sur les travaux provisoires de levage et d'approche; mais ces avantages se sont trouvés en partie balancés par les sujétions dues aux difficultés du tracé et par l'augmentation des surfaces de parements vus.

Pont de Tilsitt, à Lyon (Rhône). — L'ancien pont de Tilsitt, sur la Saône, avait des arches en anse de panier, dont le débouché était insuffisant en temps d'inondation et gênant pour la navigation à vapeur par les moindres crues. La substitution d'arches en arc de cercle et la diminution d'épaisseur des piles ont permis d'augmenter le débouché de 22 pour 100 et de réduire de 0^m48 à 0^m13 le remou dans les grandes crues. Le nouveau pont, reconstruit avec les belles pierres de taille de Villebois, a cinq arches; les ouvertures varient de 22^m84

à 21ᵐ40 ; la flèche minimum est un dixième de l'ouverture, les voûtes ont 1ᵐ10 d'épaisseur à la clef et 1ᵐ20 aux naissances. L'épaisseur des piles, à cette hauteur, n'est que de 2ᵐ50. Les voûtes sont hourdées en mortier de ciment à prise lente de Grenoblé. On les a établies par une méthode analogue à celle qui avait été appliquée au Pont-au-Double et au Petit-Pont, à Paris; on a laissé libres, pendant toute la durée de la construction des voûtes, les joints des naissances ; le mortier n'y a été introduit et fiché qu'en dernier lieu, au moment du décintrement. Ce procédé est de nature à prévenir bien des mécomptes en évitant les disjonctions produites, soit par le tassement des cintres, soit par celui des voûtes elles-mêmes. Le pont de Tilsitt a coûté 1,197,274 francs, soit 522 francs par mètre superficiel de tablier.

Pont de Chalonnes (Maine-et-Loire), chemin de fer d'Angers à Niort (Compagnie d'Orléans). — C'est le plus grand pont de maçonnerie construit sur la Loire ; sa longueur totale est de 601ᵐ50; il se compose de dix-sept arches elliptiques de 30 mètres d'ouverture, surbaissées au quart. Les rails sont à 11ᵐ85 au-dessus de l'étiage. La construction est en petits matériaux, hourdés en chaux de Paviers et de Doué. Les huit piles et la culée de la rive gauche sont fondées sur béton immergé dans des enceintes de pieux jointifs, dont quelques-unes sont battues à près de 9 mètres de profondeur au-dessous de l'étiage.

Les dépenses se sont élevées à 2,136,000 francs, soit à environ 300 francs par mètre superficiel d'élévation verticale, ou 444 francs par mètre superficiel de tablier.

§ 2. — Viaducs en maçonnerie.

Les grands viaducs sont, de tous les ouvrages élevés sur le parcours des voies de communication, ceux qui offrent le caractère le plus monumental et concourent le plus efficacement à embellir et animer les sites qu'elles traversent. La France est devenue très-riche en édifices de ce genre; les viaducs de Dinan, de la Gartempe, de Chaumont, Nogent-sur-Marne, etc., ont figuré avec honneur aux Expositions précédentes; le développement du réseau des chemins de fer dans les régions les plus accidentées permet de citer quelques nouveaux et remarquables spécimens de ces ouvrages.

Pont-viaduc du Point-du-Jour, sur la Seine, à Paris (chemin de fer de Ceinture). — La seconde section du chemin de fer de Ceinture de Paris, inaugurée presque en même temps que l'Exposition Universelle de 1867, commence à l'extrémité de la ligne d'Auteuil; depuis son origine jusqu'à la Seine, sur une longueur de plus de 1,500 mètres, elle forme une série continue d'ouvrages d'art. C'est d'abord un viaduc composé de 177 arches en plein cintre et de plusieurs passages de route. Désigné successivement sous les noms de viaducs d'Auteuil et du Point-du-Jour, ce monument, dont l'axe est courbe en plan, se trouve placé entre deux larges avenues plantées; ses pieds-droits sont percés de deux séries d'arcades parallèles; il forme ainsi une promenade couverte, remarquable par son caractère nouveau, autant que par l'élégante simplicité de ses dispositions et par sa parfaite exécution. Ce bel ensemble est dignement terminé par le pont-viaduc construit sur la Seine; le tablier du pont a 31 mètres de large entre les têtes et se trouve partagé en trois divisions : deux chaussées de 7^{m}25 pour voitures, et, entre elles, le prolongement du viaduc, dont les rails s'élèvent à 9^{m}40 au-dessus des chaussées. Le pont a cinq arches elliptiques de 30^{m}25 d'ouverture et de 9 mètres de flèche; sa longueur totale est de 174^{m}85. Le viaduc est formé de trente et une arches en plein cintre de 4^{m}80 d'ouverture. Les voûtes du pont ont 1 mètre d'épaisseur à la clef sous les chaussées, et 1^{m}60 sous le viaduc : elles sont en meulières hourdées en mortier de ciment de Portland, sauf les têtes, établies en pierre de taille. Au delà du pont se trouve enfin un quatrième viaduc, celui de Javel, qui se termine aux remblais de Grenelle.

Les dépenses ont été les suivantes :

	LONGUEURS.	DÉPENSES.
Viaduc d'Auteuil...............	1,073 m. 10 c.	1,780,921 fr. 70 c.
Viaduc du Point-du-Jour, élargissement portant la station du chemin de fer de Ceinture.......................	154 75	524,989 82
Pont-viaduc sur la Seine.........	174 85	3,463,774 35
Viaduc de Javel.	119 63	298,420 56
Totaux.........	1,522 m. 35 c.	6,068,106 fr. 43 c.

Viaduc de Morlaix. — Le chemin de fer de Rennes à Brest est tracé parallèlement aux côtes de la Bretagne ; il rencontre, non loin de leur embouchure, les rivières encaissées dans de profondes vallées de cette région accidentée, et plusieurs grands viaducs ont été nécessaires pour les franchir. Le plus important est celui de Morlaix ; son tablier est élevé de 56^{m}75 au-dessus des quais de la ville, et de 62^{m}16 au-dessus des fondations. Sa longueur est de 292 mètres. Il est formé de deux étages d'arcades ; celles du haut ont 15^{m}50 d'ouverture et sont séparées par des piles de 4^{m}25 d'épaisseur aux naissances ; elles sont au nombre de quatorze. Au premier étage il n'y a que neuf arcades de 10 mètres d'ouverture. Tout l'ouvrage est en granit ; il a été exécuté en deux ans, de 1861 à 1863. Les matériaux ont été montés au moyen d'un pont de service en travées américaines qui s'appuyaient sur les piles et s'élevaient au moyen de verrins, en suivant l'exhaussement des maçonneries. La dépense a été de 2,502,905 francs, ce qui correspond à 171 fr. 83 c. par mètre superficiel d'élévation et à 38 fr. 36 c. par mètre cube de maçonnerie.

2*nn*

Viaduc de Châteaulin (chemin de fer de Nantes à Brest, Compagnie d'Orléans). — Le chemin de fer de Nantes à Brest rencontre au sud de la Bretagne les mêmes difficultés de tracé qu'offrent les Côtes-du-Nord. Le viaduc de Port-Launay traverse, un peu au-dessous de Châteaulin, la vallée de l'Aulne, rivière accessible à la navigation maritime. On a dû adopter, en conséquence, des arcades dépassant les dimensions habituelles : le viaduc se compose de douze arches de 22 mètres d'ouverture; sa hauteur est de 52^{m}50 au-dessus de la mer moyenne, et de 54^{m}70 au-dessus des fondations. Les trois piles en rivière ont été fondées à 7^{m}40 au-dessous du niveau des hautes mers, au moyen de caissons sans fond, à parois étanches, dans lesquels on a épuisé et maçonné à sec. On a très-habilement profité, pour couler ces caissons, des facilités dont on disposait, par suite de la disposition particulière des lieux, pour faire varier le niveau des eaux dans la rivière. Cet ouvrage diffère de la plupart de ceux du même genre par la grande ouverture de ses arcades, et par l'absence d'un étage intermédiaire ; il est entièrement construit en petits matériaux, sauf les couronnements des soubassements, les plinthes et les parapets. Son exécution a occupé trois campagnes de 1860 à 1864. Il a coûté 2 millions 300,000 francs, soit 154 francs par mètre superficiel d'élévation, fondations comprises, et 131 francs sans les fondations. Le prix moyen du mètre cube de maçonnerie est de 45 francs.

Viaduc de la Fure (chemin de fer de Saint-Rambert à Grenoble). — M. Tony-Fontenay, auteur d'un ouvrage très intéressant sur la construction des viaducs, joignant l'exemple au précepte, a exposé le modèle de celui de la Fure, qu'il a construit sur le chemin de Saint-Rambert à Grenoble. Ce viaduc se compose d'un seul étage de seize arches, de 14 mètres d'ouverture. Sa hauteur maximum au-dessus du sol est de 44^{m}50, et sa hauteur moyenne de 31^{m}07. Il a coûté 1 million, soit 116 francs par mètre superficiel d'élévation ; c'est le prix de revient le plus économique signalé en France parmi les viaducs comparables comme importance à celui-ci. Les matériaux ont été levés au moyen de roues hydrauliques.

§ 3. — Observations diverses sur les travaux en maçonnerie.

Une des plus grandes améliorations apportées aux travaux de maçonnerie dans ces derniers temps est certainement l'usage des petits matériaux hourdés en mortier de ciment. Depuis quelques années, l'emploi des ciments à prise lente en a rendu l'exécution beaucoup plus sûre et plus facile. Aux mentions précédentes nous aurions pu en ajouter beaucoup d'autres ; nous nous bornerons à citer encore la passerelle de la gare de Milan, exécutée en briques et ciment de la Méditerranée, qui a 25 mètres d'ouverture, et seulement 0^{m}35 d'épaisseur à la clef; le pont de Pavie, sur le Tessin, les voûtes des docks de Marseille, des réservoirs de la ville de Paris, etc. Depuis qu'il est bien reconnu que des moellons de bonne qualité, mais de petite dimension, liés par le mortier de ciment, sont capables de résister aux plus fortes charges sans tassement appréciable, on a pu obtenir de notables économies dans l'établissement des voûtes et des fondations des grands édifices, en limitant l'emploi de la pierre de taille au strict nécessaire, ou même en l'excluant tout à fait.

La grandeur des ouvertures est un des faits qui frappent le plus l'imagination dans l'établissement des voûtes dont nous venons de parler ; il est assurément puéril et même coupable de chercher à obtenir des effets grandioses au détriment de l'économie dans des travaux d'utilité publique ; mais il est permis toutefois de se demander quelles limites on peut atteindre dans des cas exceptionnels. Il est rare que l'on soit conduit à des portées atteignant 40 mètres ; cependant ces dimensions ont été dépassées dans plusieurs constructions récentes : le viaduc de Nogent-sur-Marne a quatre arches en plein cintre de 50 mètres d'ouverture ; le pont de Chester

(Angleterre), d'une seule arche de 61 mètres, était, jusqu'à ces derniers temps, sans rival sous le rapport de la grandeur de la portée; il est aujourd'hui dépassé par le pont-aqueduc de Cabin-Creek, sur le canal de Washington (États-Unis), qui a 67 mètres d'ouverture; celui-ci n'atteint pas encore cependant les dimensions du pont de Trezzo, sur l'Adda (Italie), qui allait jusqu'à 72 mètres. Ce curieux ouvrage, dont il ne subsiste que les culées, faisait partie d'un ensemble de constructions militaires très-remarquables, élevées par les ducs de Milan, et qui ont été ruinées par le célèbre condottiere Francesco Carmagnola, en 1517; il était en petits matériaux.

L'excellente qualité des pierres dont on dispose à Paris, et l'habileté avec laquelle on sait les mettre en œuvre, autorisent chaque jour des hardiesses nouvelles; ainsi l'on a conçu le projet d'établir sur le petit bras de la Seine, par-dessus l'écluse de la Monnaie, une arche de 37^m886 d'ouverture et de 2^m125 de flèche, qui, par suite de la disposition des voies d'accès, ne peut avoir que 0^m80 d'épaisseur à la clef. Avant de s'engager dans cette entreprise exceptionnelle, il convenait de s'assurer qu'elle n'excédait pas les bornes de la prudence : une expérience préalable a eu lieu dans les carrières de Souppes (Seine-et-Marne), dont les pierres (analogues à celles de Château-Landon) ne s'écrasent que sous une charge de 400 kilogrammes par centimètre carré. L'arc d'essai avait les dimensions principales indiquées par le projet de pont; il a été soumis à une série d'épreuves auxquelles il a parfaitement résisté; elles ont mis en évidence, plus nettement qu'on n'avait pu le faire jusqu'ici, l'élasticité de la maçonnerie, et elles ont montré qu'on peut faire en bonne pierre de taille des voûtes de grande portée surbaissées au dix-huitième, pourvu qu'on y apporte tous les soins convenables.

La plus grave difficulté que présente l'exécution de ces grandes voûtes réside dans l'opération du décintrement. Le moment où l'énorme masse d'un pont quitte les cintres qui ont servi à l'édifier pour rester définitivement suspendue dans

l'espace est toujours une épreuve suprême, un instant cri-
tique et plein d'émotions pour l'auteur responsable. Pour que
l'opération réussisse, il faut que la transition entre les deux
états statiques de la maçonnerie ait lieu très-lentement et
par degrés insensibles. Un procédé très-ingénieux, imaginé et
répandu depuis plusieurs années, satisfait pleinement à ces
conditions ; il est fondé sur l'emploi du sable fin et sec, interposé entre le cintre et ses supports fixes. Ce sable est renfermé,
soit dans des sacs en toile, soit dans des boîtes en tôle de forme
cylindrique, percées vers la base de petits orifices ; il est incom-
pressible ; en réglant convenablement son écoulement, on fait
baisser les cintres par éléments en quelque sorte différen-
tiels et sans aucune secousse.

Le levage et le bardage des matériaux des grands viaducs
sont des opérations coûteuses et longues qu'on a toujours
cherché à simplifier. Depuis quelques années, on s'est attaché
à diminuer l'importance des échafauds dormants ; on a employé des grues de très-grande dimension, et cependant maniables, glissant sur des rails, et mues par une petite machine
à vapeur. On peut citer celles employées aux travaux de la
gare du chemin de fer d'Orléans et aux nouvelles églises de
Paris ; au viaduc de Foix, près de Rouen, dont la hauteur est
de 33m50, on a bâti un pont de service de 9 mètres de haut,
sur lequel circulaient trois grandes grues à vapeur, de 27 mètres de hauteur ; chacune d'elles, dans un espace de cent
vingt jours, a élevé 3,000 mètres cubes de pierre à une hauteur moyenne de 10 mètres, et au prix moyen de 1 fr. 68.

Enfin, parmi les services rendus à l'art des maçonneries, il
faut citer ceux qui sont dus au laboratoire d'essai de l'École
impériale des Ponts et Chaussées, où tous les matériaux présentés par le public sont analysés et essayés gratuitement ; et
au service spécial des Recherches statistiques sur les matériaux
de construction organisé à la préfecture du département de la
Seine. Il serait à désirer que les résultats très-importants obtenus par ce service reçussent une plus grande publicité.

CHAPITRE III.

PONTS ET VIADUCS MÉTALLIQUES.

Quels que soient les avantages des maçonneries, il est telles circonstances où l'on est obligé d'y renoncer, soit par suite de la difficulté de trouver des points d'appui convenables, soit par la nécessité de se maintenir à un niveau déterminé, ou à cause de la lenteur relative, inhérente à ce mode de construction, et de la perte d'intérêt des capitaux engagés dans les entreprises qui en résulte forcément. On a vivement objecté, dans l'origine de l'emploi des métaux, les détériorations auxquelles ils sont exposés par l'action chimique des agents atmosphériques ; aucun fait, à notre connaissance, ne s'est produit qui soit de nature à diminuer la confiance accordée aux constructions métalliques bien établies et bien entretenues. Elles offrent la solution de difficultés insurmontables par tout autre moyen, et quand même, de loin en loin, il faudrait se résigner à interrompre la circulation sur des voies importantes pendant quelques jours, cet inconvénient ne saurait balancer tous les avantages que l'on en retire habituellement ; d'ailleurs, l'habileté avec laquelle les ingénieurs de chemins de fer exécutent aujourd'hui les travaux d'entretien et de réparation les plus difficiles, en pleine exploitation, permet d'espérer qu'on saurait au besoin éviter tout arrêt, même de courte durée, pour le renouvellement des plus grands ouvrages.

§ 1. — Poutres droites.

L'usage des ponts en poutres droites s'est considérablement étendu dans ces dernières années ; ce type présente en effet des propriétés particulières qui, au point de vue de l'économie et de la rapidité des travaux, ont une très-sérieuse valeur. Les poutres droites n'exercent sur les piles et culées que des efforts sensiblement verticaux; les appuis peuvent, par conséquent, être établis avec plus d'économie et de sûreté; quand les fondations sont difficiles, ou quand les piles sont très-hautes, cette considération est d'un grand poids. Les inconvénients dus aux changements de température peuvent être facilement écartés par l'emploi de glissières, de rouleaux ou de secteurs.

Au-dessous de la ligne horizontale qui limite inférieurement une poutre droite, l'espace est complétement libre ; c'est souvent une raison décisive pour y recourir sur les fleuves sujets à des débâcles, à des crues violentes ou fréquentés par une navigation active : il n'y a guère d'autre solution possible lorsque les conditions d'un tracé imposent un minimum de hauteur au-dessus d'une voie publique ou d'un cours d'eau. On peut à volonté placer le tablier au bas de la poutre, comme dans les ponts tubulaires, au sommet ou dans une position intermédiaire, et de là résultent de nouvelles facilités.

Les opinions paraissent aujourd'hui fixées sur plusieurs points qui divisaient encore les constructeurs il y a peu d'années. Les ponts tubulaires se composent généralement de deux fermes établies avec toute la solidité voulue ; on renonce au système des poutres à trois fermes solidaires, et à plus forte raison à celui des poutres indépendantes pour chaque voie ; on n'y a plus recours que sur les chemins de fer dont le trafic ne promet pas un développement rapide ; on attend alors que l'accroissement de la circulation l'exige pour établir la seconde poutre. Dans les ponts à plusieurs travées, on ne conteste plus guère les avantages de la solidarité ; on fait les poutres continues ; on réalise ainsi sensiblement les conditions théoriques de l'encastrement sur les points d'appui, qui augmente la résistance dans une proportion considérable.

Il existe encore une assez grande diversité dans les dispositions adoptées pour les fermes ; leur profil est toujours celui du double T, ou de la caisse rectangulaire ; mais c'est surtout sur la manière de construire l'âme verticale qui relie les plates-bandes, que les avis semblent partagés. Les poutres pleines, appliquées aux grandes portées, ont conservé peu de partisans ; elles sont d'un aspect par trop industriel, et leurs avantages, au point de vue de l'économie et de la facilité de construction, ne suffisent pas à racheter ce défaut capital.

Les treillis que l'on substitue aux âmes pleines ont été composés tantôt de fers de petites dimensions, formant un réseau à mailles serrées, tantôt de barres de forte section dessinant de larges quadrilatères ou même de simples triangles. En tous cas, les pièces obliques de l'âme se comportent de deux manières bien distinctes : les unes, qui, prolongées, iraient rencontrer l'axe vertical de la travée au-dessus de la poutre, sont exposées à des efforts de compression ; les autres, inclinées en sens contraire, résistent à l'extension. Le premier système dérive de l'imitation des poutres américaines en madriers de M. Long. Les barres sont plus nombreuses, mais individuellement plus légères ; les efforts sur les plates-bandes sont plus uniformément répartis ; mais les assemblages de l'âme avec les plates-bandes et ceux des pièces de contreventement offrent des difficultés d'autant plus graves que la portée est plus grande.

Les barres des premiers ponts en treillis étaient de simples fers méplats ; pour donner plus de rigidité aux pièces comprimées et de stabilité à l'ensemble, on adopte souvent maintenant des sections en forme de T, d'U ou d'auget (ponts de l'Eipel, Autriche). Quand les fermes sont très-hautes, cet expédient peut paraître insuffisant ; on dédouble le treillis. La section transversale de la ferme offre alors la forme d'une caisse rectangulaire très-allongée dans le sens vertical ; on augmente la rigidité des barres comprimées en les entretoisant deux à deux par un réseau de fers méplats (ponts de Drogheda, du Scorff, etc.).

Entre le système à mailles très-serrées (pont d'Offenburg) et celui des poutres composées d'une série de triangles égaux, compris entre deux plates-bandes horizontales (Newark, Crumlin, etc.), qui représentent l'extrême opposé, il y a place pour une infinité de combinaisons intermédiaires ; le moyen terme semble aujourd'hui préféré aux systèmes absolus.

La facilité avec laquelle les pièces simples qui composent les poutres droites, préparées et ajustées dans les grands centres industriels, peuvent être transportées au loin et ajustées sur place, et la diversité des moyens dont on dispose pour leur levage sont comptées au nombre des propriétés les plus avantageuses de ce système, surtout pour les ouvrages à exécuter dans les pays lointains et dépourvus de ressources.

Les petites poutres de 15 à 20 mètres d'ouverture sont portées toutes faites sur deux wagons, amenées sur rails entre leurs culées, et descendues avec des chèvres sur leurs appuis.

On peut aussi construire une poutre droite sur son emplacement définitif, au moyen d'échafaudages provisoires établis dans le lit des rivières ; les fermes sont montées à volonté verticalement, ou à plat, et levées en décrivant un quart de révolution. On peut faire le montage à terre, par travée, sur un chantier parallèle au cours de la rivière, placer la poutre terminée sur des pontons, la faire flotter jusqu'à pied d'œuvre, et la lever jusqu'à la hauteur voulue au moyen de presses hydrauliques, ou de tout autre engin. Les grandes travées métalliques, d'environ 140 mètres d'ouverture de Menaï et de Saltash, ont été mises en place par ce procédé. A Kowno, sur le Niemen (Russie), les pontons portaient des échafaudages un peu plus hauts que le niveau définitif du tablier ; chaque travée, de 78ᵐ 72 de long, et pesant 500 tonnes, étant présentée, on la descendait sur ses appuis en introduisant de l'eau dans les pontons, qui étaient pourvus de vannes à cet effet.

Un procédé plus simple, aujourd'hui très-répandu, dispense de tout échafaudage en rivière ; il consiste à construire la poutre sur une rive dans le prolongement de l'axe du pont, et à la faire rouler sur des galets, d'un point d'appui à l'autre, jusqu'à ce qu'elle atteigne, soit la rive opposée, soit une pile située au milieu du fleuve, si le travail a été partagé entre les deux rives. Ce système, appliqué aux grands viaducs à piles métalliques, a permis d'en simplifier extraordinairement la construction, comme on le verra plus loin.

Les grandes arches de pont, de 30 mètres de portée et au delà, étaient, il y a peu d'années, des monuments exceptionnels qui faisaient l'orgueil d'un pays et la réputation d'un ingénieur. Grâce à l'emploi du fer et surtout des poutres droites, elles sont devenues aujourd'hui si multipliées, qu'il serait aussi fastidieux que téméraire de prétendre en donner une liste exacte et complète. Il faut se borner à citer quelques ouvrages caractéristiques dans chaque pays.

France. — Les ponts de Clichy, d'Asnières, de Langon, les petits ponts du chemin de fer de Ceinture (rive droite), sont nos plus anciens types. Ensuite sont venus les ponts de la Quarantaine, à Lyon, de Mâcon, de Saint-Germain-des-Fossés, de Moulins ; ces ouvrages étaient en poutres pleines. Les ponts d'Argenteuil, d'Orival, d'Elbeuf, sont en treillis à réseau moyennement serré. Le pont de Bordeaux, à panneaux rectangulaires, traversés par leurs diagonales, présente un type tout différent, d'un aspect plus simple et plus monumental. Parmi les ouvrages plus récents, on voyait figurer à l'Exposition Universelle, en modèles ou dessins, les suivants :

Pont du Scorff, à Lorient (chemin de fer de Nantes à Brest, Compagnie d'Orléans). — Composé d'une travée centrale de 64 mètres d'ouverture et de deux travées de 52 mètres. La poutre est formée de deux fermes en caisses à treillis ; elle pèse 4,725 kilogrammes par mètre linéaire.

Pont de la place de l'Europe, à Paris (chemins de fer de l'Ouest). — Il a été construit pour dégager les accès de la gare Saint-Lazare, dont l'exploitation devenait de jour en jour plus difficile à cause de l'insuffisance de l'espace existant entre les bâtiments de cette gare et les tunnels établis à sa sortie. La nécessité de respecter les alignements de six rues concourant au centre de la place explique la disposition exceptionnelle du plan de cet ouvrage : des sujétions nombreuses et très-graves dérivaient encore du raccordement des pentes des voies publiques dans ce quartier très-accidenté et des exigences de l'exploitation d'une gare où le mouvement dépasse souvent cinq cents trains par jour. Il en est résulté que l'étude et l'exécution du pont de la place de l'Europe ont présenté des difficultés exceptionnelles. Nous n'essayerons pas d'en donner une idée même approximative : un volume autographié accompagné d'un atlas figurent à l'Exposition et renferment les renseignements les plus complets sur cet ouvrage. Il suffira de dire qu'il couvre une superficie de 8,480 mètres carrés : 3,470,000 kilogrammes de métal y sont employés; la dépense s'est élevée à 2,470,000 francs, non compris les chaussées, les trottoirs exécutés par la ville de Paris, et les travaux de démolition des tunnels : cette dépense représente une moyenne de 290 francs par mètre superficiel, dans laquelle la partie métallique entre pour 200 francs.

Ponts de Billancourt (Seine). — Les dessins d'un grand nombre de ponts métalliques exécutés sur des routes départementales ou des chemins vicinaux sont au nombre des objets exposés : ceux de Billancourt sont les plus connus ; ils se composent de cinq travées, dont la plus grande a 37 mètres d'ouverture. Ces ponts ont coûté 652,000 francs, soit 360 fr. 35 par mètre superficiel de tablier, ou 4,326 fr. 36 par mètre linéaire.

Angleterre. — Les chemins de fer anglais présentent un nombre infini de ponts métalliques des types les plus variés ; mais aucun ouvrage plus hardi que les premiers ponts de Robert Stephenson, sur les détroits de Conway et de Menai, n'a été construit. Plusieurs grands ponts ont été établis sur la Tamise pour desservir les nouvelles stations de chemins de fer bâties au cœur de la métropole britannique ; parmi eux, le pont de Charing-Cross offre certaines particularités : son tablier, large de 15 mètres et portant quatre voies, repose sur deux fermes à croisillons de 4^m25 de haut ; la plupart des travées ont 46^m50 de portée. Les barres diagonales et montantes sont assemblées à articulations libres, sur des plates-bandes en forme d'auge, par l'intermédiaire de boulons en acier puddlé de 0^m18 de diamètre. Les fermes sont indépendantes et chacune porte 700 tonnes.

L'activité des ingénieurs anglais ne se borne pas à doter leur patrie des travaux exigés chaque jour par le développement si rapide de sa prospérité industrielle ; elle s'étend sur tout le globe et s'applique particulièrement à féconder le sol de ces cinquante colonies, dispersées sur toute l'étendue des mers, où flotte le pavillon britannique, et dont la population s'élève à plus de 150 millions d'habitants. L'emploi des métaux préparés en Angleterre joue le rôle le plus important dans le système des travaux publics de ces colonies ; quelques-uns des plus considérables des ouvrages d'art connus ont été construits pour elles.

Tel est le pont Victoria, sur le fleuve Saint-Laurent, à Montréal (Canada) ; il a une longueur totale de 2,760 mètres ; le tube métallique à lui seul compte $1,977^m60$ de long, et se compose de vingt-cinq travées, dont la plus grande a 99 mètres d'ouverture et les autres 72^m60 ; il est à une seule voie et son tablier est porté par deux fermes pleines ; 9,000 tonnes de fer, préparées à Birkenhead, en Angleterre, y ont été employées ; l'ouvrage a coûté 31,550,000 francs. M. Hodges, qui a dirigé les travaux, en a publié une histoire complète : il a raconté les luttes qu'il a dû soutenir pendant cinq ans contre un fleuve de deux kilomètres de large, sujet à des crues redoutables et à des débâcles terribles, animé par une navigation très-active et sous un climat d'une rigueur extrême. Le Saint-Laurent est gelé pendant cinq mois chaque année : en hiver toute communication était interrompue entre la mer et le nord du continent anglo-américain ; le pont Victoria a fait cesser cet isolement, et des relations faciles existent désormais en tout temps entre le Canada et les ports de Boston et de New-York.

Il importe de n'employer que des types simples, composés de pièces uniformes, susceptibles d'être substituées les unes aux autres, dans ces régions éloignées où tout manque, où les travaux sont exposés à être interrompus par les retards dans l'arrivée des matériaux, par les naufrages et par mille autres causes. C'est à ce titre qu'il convient d'appeler l'attention sur les viaducs construits dans l'Inde par M. le colonel Kennedy.

Allemagne — Quand ils ont commencé le réseau de voies ferrées, qu'ils ont su exécuter dans un esprit si excellent et si bien adapté à la nature de leur pays, les ingénieurs allemands paraissent avoir été singulièrement préoccupés de l'économie à réaliser sur les grands ouvrages d'art : l'exemple des États-Unis les a d'abord entraînés, et ils ont fait plus d'un emprunt à leurs types de poutres armées en charpente. L'expérience n'a pas tardé à prouver qu'une trop grande économie sur les frais de premier établissement pouvait être mal entendue ; et il paraît bien admis maintenant en Allemagne, comme partout, que lorsqu'on ne peut pas exécuter les travaux de chemins de fer en maçonnerie, le fer seul est acceptable. Tous les ingénieurs ont été tenus au courant des discussions instructives auxquelles donnèrent lieu, il y a plusieurs années, les études des chemins de fer du Hanovre et de la Prusse. Le type des poutres droites à treillis serré est très-répandu en Allemagne ; il compte quelques-uns des plus grands ouvrages d'art du continent européen : le pont d'Offenbourg, sur la Kinzig, de 63 mètres d'ouverture ; le pont de Dirschau, sur la Vistule, composé de six travées de 120 mètres d'ouverture ; le pont de Marienbourg, sur la Nogat, de deux travées de 97 mètres d'ouverture ; le pont de Kehl, sur le Rhin, de cinq travées, dont trois de 56 mètres ; le pont de Cologne, de quatre travées de

97 mètres; le pont de Passau, sur l'Inn, d'une travée de 89 mètres; les ponts de la vallée de la Lahn, etc.

Cependant les ouvrages exposés au palais du Champ-de-Mars par les ingénieurs allemands étaient conçus dans un esprit différent. Le pont sur la Pregel, à Kœnigsberg, se compose d'une travée tournante de 14^m75 d'ouverture et d'une travée fixe de 61^m15. Chaque ferme est divisée en quatorze compartiments rectangulaires avec croisillons; le poids du fer employé est de 335,543 kilogrammes, soit de 5,500 kilogrammes par mètre courant (double voie).

Le pont sur la Parnitz, à Stettin, se compose de deux travées de rive fixes, de 33^m90 d'ouverture, et de deux travées centrales de 12^m56, formées par un pont tournant symétrique à double volée. Chaque ferme des travées fixes est divisée en dix compartiments trapézoïdaux, avec diagonales simples étirées, excepté dans les deux compartiments du milieu, où les deux diagonales sont conservées. L'arc comprimé est formé d'un groupe de quatre fers, en double T, juxtaposés deux à deux. Le mètre courant de travée (à double voie) pèse 2,230 kilogrammes. Cette forme de ferme est désignée sous le nom de système Swedler; elle est appliquée dans la même localité au viaduc de 369 mètres de long destiné à laisser écouler les inondations de l'Oder, qui comprend quatorze ouvertures de 22^m60. Chaque travée ne pèse que 1,800 kilogrammes par mètre courant (double voie).

Le pont de la Parnitz, fondé au moyen de l'air comprimé, sur piles tubulaires, à 7 mètres au-dessous de l'étiage, a coûté 3,513 francs le mètre courant. Le pont de l'Oder, fondé sur tubes foncés à l'air libre, n'a coûté que 1,588 francs.

Russie. — La nature de ce pays, le défaut de ressources et surtout de matériaux propres aux maçonneries, ont obligé la Grande-Compagnie des chemins de fer Russes à recourir presque exclusivement à l'emploi des poutres métalliques. M. E. Gouin, chargé de cette entreprise, a eu à construire

environ 137 travées, formant une longueur de 2,700 mètres
et un poids de 10,700 tonnes, dont les éléments, préparés dans
ses ateliers, à Paris, ont été transportés à l'autre extrémité de
l'Europe, et montés à travers mille difficultés, dues principalement à l'absence de voies d'accès, à l'inexpérience des populations et à la rigueur du climat. Quelques-uns de ces ouvrages sont de premier ordre ; entre autres, le pont sur le Nié-
men, à Kowno, composé de quatre travées, deux de 78^{m}72
au milieu, deux de 70^{m}48 aux extrémités ; le tablier a
300^{m}40 de long et pèse 1,966 tonnes ; le pont sur le
même fleuve, à Grodno, a trois travées, l'une, au milieu, de
69 mètres, et deux autres de 56^{m}20 ; le tablier, de 188^{m}60,
pèse 1,324 tonnes ; le pont sur la Vistule, à Varsovie, a six
travées de 80 mètres d'axe en axe des appuis, formées de
deux fermes, pesant 4,392 tonnes ; il a été construit en une
année.

En Espagne et en Italie, on peut citer encore de nombreux
exemples de poutres droites : parmi les principaux se trouve
le pont de Mezzanacorti, sur le Pô, avec travées de 80 mètres
d'ouverture.

États-Unis. — La plupart des voies de chemins de fer des
États-Unis ont été établies dans des régions entièrement neu-
ves. Ils ont précédé les routes et ils ont rencontré, comme obstacles principaux, les fleuves qui portent à l'océan Atlantique
et au golfe du Mexique le tribut des eaux d'un continent immense. Il a fallu les franchir avec économie, car on ne pouvait attendre un revenu très-rémunérateur d'entreprises exécutées dans ces conditions, avec rapidité, car l'ardeur américaine
ne permet pas de lenteur, et on a dû, par conséquent, utiliser
les ressources locales, c'est-à-dire les bois que le sol fournit
en abondance et de qualité supérieure. C'est ainsi qu'ont été
créés les systèmes de poutres armées en charpente, bien
connus en Europe, de Town, Howe, Long, Mac-Callun, etc.

Entre les mains des ingénieurs américains, le bois s'est

plié à toutes les exigences; il a permis d'établir des ouvrages d'une grandeur et d'une hardiesse étonnantes ; tels le viaduc de Haut-Portage, qui a 80 mètres de haut et 267 mètres de long, le pont de Cascade-Glen, qui a une ouverture de 84 mètres, etc. Cependant les défauts du bois, le danger des incendies, la décadence rapide des matériaux se sont fait promptement sentir. Sauf de rares exemples, les meilleurs ponts ne durent pas vingt ans; quoique l'économie réalisée sur le capital de premier établissement soit considérable, puisque pour des portées de 30 à 50 mètres et pour une seule voie, les ponts reviennent à la faible somme de 360 à 600 francs le mètre linéaire, les inconvénients de renouvellements fréquents ont été reconnus, et plusieurs systèmes de fermes métalliques ont été proposés et essayés. Ce progrès se manifestait déjà en 1835. Le major Delafield commençait à employer la fonte sous la forme d'arcs à sections elliptiques, semblables à ceux du système Polonceau. C'est dans le même ordre d'idées que sont encore conçus plusieurs ouvrages très-ingénieux du capitaine Meigs, construits en 1858 sur l'aqueduc du Potomac. Les fermes sont formées par des tuyaux circulaires de 1^m20 de diamètre, qui donnent passage aux eaux de l'aqueduc, tandis qu'elles soutiennent en même temps un tablier et une chaussée; tel est le pont de Washington, de 60 mètres d'ouverture et 6 mètres de flèche. Mais il paraît que les ponts en arc sont très-rares aux États-Unis; les poutres en tôles et en treillis sont elles-mêmes peu répandues ; on s'est attaché surtout à perfectionner le système des poutres armées, composées de pièces articulées ; les parties travaillant à la compression, telles que les plates-bandes supérieures, ont été fabriquées en fonte, sous forme de tuyaux cylindriques, juxtaposés sans boulons; les autres pièces en fer de première qualité sont de simples barres à œil. Quelques-unes sont très-inclinées, ce qui oblige à donner aux poutres une grande hauteur, un cinquième à un huitième de leur portée, pour des ouvertures de 36 à 60 mètres; autrement on serait conduit à des impossibilités pratiques. Les poutres sont isolées sur leurs appuis. Elles sont d'une extrême légèreté, et souvent dans des conditions inadmissibles en Europe, sans garde-corps, sans ballast, sans plancher ; quelquefois les fermes sont même si rapprochées, que les voitures dépassent leurs parois, et le voyageur se voit suspendu sans aucun obstacle interposé entre lui et l'abîme.

Au moyen des diverses combinaisons dues à MM. Murphy, Whipple, Bollmann, Fink, etc., de très-grandes portées, 60 mètres et plus, ont été franchies avec beaucoup d'économie, c'est-à-dire à raison d'environ 1,200 francs par mètre linéaire de simple voie. Cependant l'opinion, assez généralement répandue de ce côté de l'Atlantique, que les fermes doivent être faites en métal homogène, et les exigences du public pour tout ce qui intéresse sa sécurité, s'opposeront probablement à l'importation en Europe des ponts métalliques des États-Unis.

§ 2. — Viaducs à piles métalliques.

La dépense, les difficultés et le temps nécessaires à la construction d'un grand viaduc s'accroissent rapidement avec la hauteur de ses supports. Pour diminuer ces inconvénients, on a substitué aux piles maçonnées des charpentes métalliques ; les exemples de ce système de constructions, dont l'aspect aérien impressionne vivement, ne sont pas encore très-nombreux : on cite les viaducs de Crumlin, en Angleterre ; de la Sitter et de Fribourg, en Suisse ; en France, on vient de construire deux grands ouvrages de ce genre, les viaducs de Busseau-d'Ahun, sur le chemin de fer de Montluçon à Limoges, et de la Céré, sur la ligne de Figeac à Aurillac. Ils sont décrits dans un savant mémoire inséré au deuxième volume de l'année 1864 des *Annales des ponts et chaussées*.

Le viaduc de Busseau-d'Ahun est à deux voies ; il a 336 mètres de long et s'élève à 57 mètres au-dessus de l'étiage de la Creuse ; le tablier se compose d'une poutre droite de 286 mètres de long, avec fermes en treillis ; il est soutenu par cinq piles en charpente métallique, avec soubassements en maçonnerie. Ce viaduc se distingue des précédents par les particularités suivantes : 1° le nombre des palées de chaque pile est réduit à deux ; elles n'ont ainsi, à la partie supérieure, que 6 mètres de longueur et 2 mètres de largeur, d'axe en axe des colonnes ; 2° les axes des huit colonnes composant les deux palées concourent en un même point dans l'espace et forment les arêtes d'une pyramide ; il en résulte un aspect très-net et très-satisfaisant ; sous aucun point de vue, les lignes ne se coupent entre elles et ne forment de ces réseaux embrouillés où l'œil a peine à se reconnaître, et dont l'apparence confuse est souvent reprochée aux constructions métalliques ; 3° au premier abord, on admet difficilement que cet assemblage aérien de légères pièces de fer offre une prise dangereuse à l'action du vent ; il résulte cependant des calculs auxquels on s'est livré qu'il en est tout autrement. Pour obtenir une stabilité suffisante, il a fallu amarrer la superstructure métallique dans les massifs de maçonnerie des soubassements au moyen de barres de fer ayant jusqu'à 0^{m}09 de diamètre ; 4° pour atténuer le danger du déraillement, le platelage a été rendu impénétrable ; il a été composé de longrines de 0^{m}15 d'épaisseur, armées de fortes cornières, et l'approche des garde-corps a été défendue par deux longrines saillantes, formant chasse-roues ; 5° afin d'assurer la répartition égale de la charge entre les deux palées d'une même pile, quelle que soit l'inégalité du chargement du tablier, et afin d'éviter ainsi la déformation des piles au moment du passage des trains, le tablier ne repose que sur des appuis à charnière, placés au milieu de la distance qui sépare les deux palées.

Le viaduc de la Cère n'a qu'une voie ; il est élevé à 55^{m}30 au-dessus de l'étiage de cette rivière ; sa longueur est de 308 mètres ; celle du tablier est de 236^{m}50 ; ses piles sont espacées de 50 mètres, et il présente les mêmes particularités que le précédent.

Nous devons renvoyer au mémoire cité ci-dessus pour

l'étude d'un grand nombre de questions importantes que soulèvent notamment la proportion à observer entre l'écartement
et la hauteur des piles et la comparaison des viaducs métalliques avec ceux en maçonnerie ; il est un fait toutefois qu'on
ne saurait passer sous silence : c'est l'avantage des premiers
au point de vue de la rapidité de l'exécution et de l'économie,
dès que la hauteur dépasse 30 mètres. Le tableau suivant per-
mettra d'apprécier la différence des deux systèmes sous ce
dernier rapport :

DÉSIGNATION des VIADUCS.	HAUTEUR au-dessus du sol		PRIX MOYEN		OBSERVATIONS.
	moyenne.	maxim.	par mètre linéaire.	par mètre carré d'élévation.	
	Mètres.	Mètres.	Francs.	Francs.	
Viaducs métalliques.					
La Sitter	42 80	62 40	4,536 »	105 98	Pour une voie.
La Cère	32 50	55 30	2,782 »	84 86	id.
Fribourg	52 40	78 00	6,060 »	115 65	Les autres via-
Busseau-d'Ahun	35 30	56 50	4,473 »	126 10	ducs ont deux
Viaducs en maçonnerie.					voies.
Morlaix	46 30	56 75	»	172 »	
Chaumont	39 30	53 20	»	259 »	
Combe-de-Fin	36 00	44 00	4,530 »	126 »	
La Gartempe	35 80	50 95	7,323 »	205 »	
Port-Launay	» »	52 50	6,162 »	154 »	

Le mètre linéaire de hauteur de pile métallique coûte
2,305 francs à Busseau-d'Ahun, et 2,040 francs à la Cère.

La Compagnie des chemins de fer du Midi fait exécuter sur
la ligne de Montpellier à Rhodez plusieurs viaducs en charpente métallique, dont les hauteurs varient de 20 à 70 mètres ;
ils sont construits avec d'anciens rails Barlow et Brunel que la
substitution du système à double champignon laissait sans
emploi.

Les avantages économiques des viaducs à piles métalliques

sont dus surtout à la simplicité de leur levage. Cette opération se fait sans le secours d'aucun échafaudage, par un moyen aussi hardi que simple et ingénieux. Le tablier, construit sur le coteau, en arrière de la culée, est lancé dans l'espace par les procédés indiqués plus haut et arrêté à l'aplomb de la première pile à construire ; toutes les pièces qui composent cette pile sont présentées, non plus à pied d'œuvre, mais au contraire au niveau du tablier, au-dessus de la place qu'elles doivent occuper. De là elles sont descendues sur le chantier de montage de la pile avec la plus grande facilité, et, en même temps, avec une économie incomparable et une sécurité complète pour les ouvriers. Ainsi, l'une des grandes piles de Busseau a été montée en cinq jours.

Quand la première pile est terminée, on pousse le tablier en avant, de toute la distance qui sépare cette pile de la seconde ; on procède de la même manière pour la construction de celle-ci, et ainsi de suite. Ce système de construction des grands viaducs à piles métalliques est une des principales innovations introduites dans ces derniers temps. Il présente toutefois un danger résultant de l'action exercée sur la tête des piles pendant le lançage du tablier, qui tend à les renverser avec un bras de levier égal à toute la hauteur de la pile. Au pont de Fribourg, on a fait équilibre à cette action au moyen de chaînes de tension reliant les piles invariablement à la hauteur de leur tête. On a employé, pour le même objet, aux viaducs de la Cère et de Busseau-d'Ahun, un procédé très-ingénieux, qui consistait à placer les treuils de lançage dans l'intérieur du tablier et à prendre les points d'attache des garants sur les piles construites ; il était facile de régler la tension de ces cordes de manière qu'elle fît constamment équilibre à la force d'entraînement exercée sur la pile.

§ 3. — Arcs métalliques.

Les poutres droites étant sollicitées par des efforts de flexion, n'utilisent qu'imparfaitement la résistance du métal qui les compose ; on diminue cet inconvénient en choisissant des profils transversaux où le métal est accumulé vers les extrémités comme le double T, mais il est inhérent au système et ne peut être qu'atténué. Dans les arcs, au contraire, toutes les parties du profil transversal peuvent travailler à pleine charge, et il doit en résulter une notable économie. Quand ces arcs présentent leur concavité vers le sol, et quand leur forme est bien calculée, ils sont exposés exclusivement à des efforts de compression ; le profil le plus convenable pour résister à des efforts de cette nature est le profil annulaire, qu'on adopte pour les colonnes. Cette considération avait conduit M. Polonceau à une disposition bien connue, dont le pont du Carrousel offre un type remarquable ; mais les surcharges accidentelles auxquelles sont soumis les ponts métalliques sont très-considérables par rapport au poids propre de l'ouvrage ; il en résulte que les courbes de pression sont très-différentes les unes des autres, suivant que l'on considère l'arc chargé uniformément sur toute son étendue, hypothèse qui sert généralement de point de départ aux études, et l'arc chargé uniformément sur l'une de ses moitiés seulement, hypothèse la plus défavorable. La forme annulaire du profil transversal se prête mal à ces déplacements de la courbe des pressions, à cause de son peu d'étendue dans le sens vertical ; on lui préfère la forme en double T, qui présente en même temps par elle-même plus de rigidité et plus de facilité pour la construction.

Ponts en fonte. — La fonte, étant moins coûteuse que le fer, susceptible d'être employée par plus grandes masses, par conséquent moins sensible aux trépidations, et résistant mieux à la compression, a été longtemps l'objet d'une préférence exclusive pour la fabrication des arcs métalliques. En France, un très-grand nombre de ponts dont les portées s'étendent jusqu'à 60 mètres, et au delà, sont construits en fonte : il suffit de citer ceux de Nevers, Tarascon, la

Voulte, ceux du chemin de fer de Rouen, sur la Seine, de la Guillotière, sur le Rhône, de Solférino, de Saint-Louis, à Paris, etc. M. Georges Martin, qui a pris, comme ingénieur des forges de Fourchambault, une part considérable dans l'exécution de la plupart de ces grands ouvrages, a envoyé à l'Exposition, avec une collection de photographies intéressantes, les modèles de deux ponts très-remarquables.

Le pont d'El Kantara, sur le Rummel, à Constantine (Algérie), est formé d'une seule arche de 56 mètres d'ouverture, jetée à 120 mètres au-dessus du torrent; on y a employé 415 tonnes de métal, soit 7,410 kilogrammes par mètre linéaire; la largeur du tablier est de 12 mètres. Le système employé au levage de l'arche mérite une attention spéciale : la disposition des lieux ne permettait de prendre aucun point d'appui entre les culées, et cette difficulté a été très-habilement vaincue : on a tendu d'une culée à l'autre quatre chaînes munies de tiges pendantes, comme celles d'un pont suspendu; ce premier appareil a servi à supporter des poutrelles sur lesquelles on a cloué un léger tablier formant un premier cintre parallèle à l'intrados de l'arc en fonte; sur ce tablier on a monté le cintre définitif, qui était composé d'arcs en bois constituant une véritable voûte, et enfin sur cette voûte on a installé le pont de service, portant une grue roulante, au moyen de laquelle il a été procédé avec la plus grande facilité au montage des arcs en fonte. Le résultat des épreuves de cette arche a été très-satisfaisant : sous une charge de 500 kilogrammes par mètre carré, on n'a constaté que des abaissements de 0^m006 à 0^m007 à la clef.

Le second modèle représente un pont de 40 mètres d'ouverture, d'un système plus économique, tel que celui construit sur la Seybouse, à Bône (Algérie). Dans ce pont, il n'y a que deux arcs de tête pour porter le tablier; cette disposition, qui concentre toute la résistance sur deux fermes seulement, paraît très-bien appropriée à la nature du métal employé.

Arcs en fer. — Les arcs occupent au-dessous du tablier une certaine hauteur. C'est souvent un inconvénient; on ne peut l'atténuer qu'en diminuant les flèches, mais alors les poussées s'accroissent, la construction devient plus sensible à l'action des surcharges partielles, et le métal peut se trouver même exposé à des efforts alternatifs de pression et d'extension. L'action de la température introduit encore une autre cause de déformation, dont les effets sont d'autant plus à craindre que la hauteur de l'arc à sa naissance est plus grande.

La fonte est peu apte à résister à ces efforts alternatifs; on est donc conduit à en augmenter la quantité, qui est rarement au-dessous de 4,000 kilogrammes par mètre linéaire pour les ponts de 30 mètres et au-dessus, et l'économie faite sur le prix du métal se trouve annulée. Ces motifs ont amené plusieurs ingénieurs à substituer le fer à la fonte dans la construction des arcs; ils y ont été encouragés par la facilité avec laquelle un arc en fer peut être rendu solidaire de son tympan au moyen de montants en tôle ou d'un simple treillis : l'ensemble peut former alors une vraie poutre armée, susceptible de résister au besoin à des efforts de flexion. On peut citer de nombreux exemples d'arcs en fer : les ponts d'Arcole, à Paris, du canal de la Marne, du chemin de fer de Saint-Quentin à Erquelines, du chemin des Ardennes, sur l'Oise, le pont sur la Theiss, à Szegedin (Hongrie), etc. Dans ce dernier ouvrage, afin d'atténuer les effets de la transmission des poussées d'une arche à l'autre, toutes les travées ont été rendues solidaires; elles sont au nombre de 8 et ont 41^{m}40 d'ouverture; elles ne pèsent que 3,278 kilogrammes par mètre linéaire.

Le pont de Saint-Just, sur l'Ardèche, est formé de 6 travées de 46^{m}26 d'ouverture et 4^{m}50 de flèche; le tablier a 7 mètres de large, et ne donne passage qu'à une route. Sa disposition est extrêmement simple.

On a construit, sur le passage qui réunit le Champ-de-Mars aux berges de la Seine, un pont de 25 mètres d'ouverture et de 21 mètres de large, avec tympans en treillis; la disposition de cet ouvrage est analogue à celle des ponts de Sennecey (Saône-et-Loire), 5 arches de 53 mètres, de Lodève (Hérault), de Valvins (Seine-et-Marne), 5 arches de 22 mètres, établis précédemment par le même constructeur; mais le pont du Champ-de-Mars se distingue de ses devanciers par l'emploi du métal Bessemer dans l'arc. Sous l'épreuve réglementaire de 400 kilogrammes par mètre superficiel, ce métal travaille ici à 11^k30. L'abaissement du prix du métal Bessemer facilitera bientôt son introduction dans les grandes constructions métalliques; on substituera volontiers au fer, qui ne travaille qu'à 6 kilogrammes, une matière qui peut aisément travailler à 10.

Il subsiste cependant toujours, dans les calculs de la résistance des ponts en arc analogues aux précédents, un élément d'incertitude, principalement en ce qui concerne la tendance qu'éprouvent les joints des naissances à s'ouvrir vers l'intrados ou vers l'extrados, selon que l'arc se dilate ou se comprime, se réchauffe ou se refroidit, en suivant les variations de température de l'air ambiant. Pour se prémunir contre les inconvénients dus à cette cause de déformation, Robert Stephenson, dans un projet de pont en fonte de 100 mètres d'ouverture, pour le détroit de Menai, avait terminé ses arcs aux naissances par des surfaces cylindriques formant articulation. Dans un pont en fer de 45 mètres d'ouverture, construit au passage du chemin de fer du Nord sur le canal Saint-Denis, on a interposé entre les naissances des arcs et leurs sommiers des tourillons de 0^m20 de diamètre, et d'une longueur suffisante pour répartir convenablement les pressions sur les appuis, mais dans le sens horizontal, et non dans un plan vertical, comme cela avait eu lieu jusqu'alors. Ce pont ne pèse que 135,000 kilogrammes, soit 3,000 kilogrammes par mètre linéaire.

Le grand pont construit sur le Rhin, à Coblentz, composé de trois arches de 96 mètres d'ouverture, présente aussi une articulation aux naissances. Les arcs, dont le profil transversal offre la figure d'une caisse rectangulaire de 3^m40 de hauteur, ont leurs parois verticales formées par des croisillons. On retrouve la même disposition au pont de Mülheim, sur la Rührr.

On a construit récemment sur le canal Saint-Denis, à la Villette, un pont de 42 mètres d'ouverture, qui présente trois articulations, savoir : deux aux naissances et une à la clef; il en résulte que la courbe des pressions passe forcément par trois points connus, ce qui tend à répartir très-uniformément les pressions dans chacune des moitiés de l'arc. Ce mode de construction a de plus l'avantage de rendre le montage fort simple : après avoir placé les sommiers en fonte, on enlève avec une chèvre chacun des deux demi-arcs ; on les fait reposer sur les tourillons des retombées, et l'on abaisse les deux extrémités de la clef jusqu'à ce qu'elles soient arrivées en regard l'une de l'autre; alors on place le tourillon de la clef. On évite complétement de cette manière l'emploi des cintres.

Les ponts en arc métalliques peuvent donc aussi s'établir sans aucun échafaudage fixé en lit de rivière. Un autre procédé a été employé au nouveau pont de Westminster, à Londres ; chacune des fermes de ce pont se composait de trois parties : une partie centrale ou clef en tôle, et deux retombées adjacentes en fonte. Celles-ci étaient formées de voussoirs qui ont été posés sans cintre ; ils étaient soutenus en porte-à-faux au moyen de la liaison établie entre eux et ceux de l'arche voisine par-dessus la pile ; il était nécessaire évidemment de conduire le travail avec régularité de part et d'autre de cette pile, de façon que les deux encorbellements se fissent toujours équilibre : quand les retombées en fonte ont été placées, on est venu poser le voussoir de clef en tôle au moyen d'une chèvre montée sur un ponton.

Au pont d'El Cinca (Espagne), le tablier est à 35 mètres au-dessus du fond de la vallée ; l'usage de la chèvre n'était plus possible. Ce pont se compose d'une seule arche de 70 mètres d'ouverture ; on l'a divisée en deux moitiés, et l'on a procédé au montage à partir de chaque culée en maintenant les retombées en porte-à-faux en équilibre sur les sommiers des naissances au moyen des longerons du tablier solidement amarrés dans le massif des culées, à l'aide de plaques d'ancrage en fonte et de tirants à écrou. Les fermes se montaient en juxtaposant ainsi les éléments successifs du pont préparés à l'avance dans les usines du Creusot, en France, et conduits en place au moyen de grues roulantes. Les monteurs se tenaient sur des tabliers mobiles sur rouleaux et suspendus à des chaînes, qui permettaient de suivre l'avancement des arcs. Cette belle opération a été exécutée en trois mois, dans un pays sans ressources, au prix de 25,000 francs, soit 100 francs par tonne.

§ 4. — Ponts suspendus.

Les ponts suspendus diffèrent des précédents en ce que l'arc présente sa convexité vers le bas et se trouve exposé à un effort d'extension, dont la composante horizontale sur les culées est reportée sur des points d'appui pris à distance. Personne n'ignore les immenses services rendus par ce système et le dédain exagéré dont il est aujourd'hui l'objet. Quand ils ont été construits et entretenus avec soin, les ponts suspendus ont parfaitement répondu à ce que l'on pouvait en attendre. Mais l'économie tient surtout à la simplicité du mode de réunion du tablier avec les câbles et à la mobilité des articulations; il en résulte des défauts que depuis longtemps on s'est préoccupé de faire disparaître, en vue surtout de l'application aux chemins de fer. On a successivement proposé divers expédients : rigidité des parapets, pose des pièces de pont en biais, liaison des tabliers avec les chaînes par des moyens analogues aux formes usitées pour les tympans des arcs comprimés, soit au moyen de treillis (pont de Castelfranc), soit au moyen de grands compartiments à croisillons (pont de Lambeth, à Londres). On a aussi proposé de former la chaîne de deux câbles liés par un treillis et suffisamment éloignés pour comprendre dans leur intervalle toutes les figures de la courbe des tensions correspondant aux diverses positions des surcharges (chemins de fer autrichiens).

Jusqu'ici le pont du Niagara est l'exemple le plus remarquable de pont suspendu rigide : sa portée est de 249 mètres. Son tablier est formé par une poutre tubulaire de 5^m48 de haut et de 6 mètres de large; les deux fermes de cette poutre sont en bois à croisillons, avec boulons verticaux; elle a par elle-même une grande rigidité. Les traverses inférieures portent une chaussée pour voitures ordinaires; les traverses supérieures portent une voie de chemin de fer. Chaque ferme est supportée par deux câbles indépendants dont les flèches respectives sont de 16^m46 et de 19^m50. En outre, soixante-quatre tirants, partant du sommet des piles et fixés à la plate-bande supérieure du treillis, et cinquante-quatre tirants inférieurs fixés aux rochers des rives, concourent à la stabilité du système. Le poids du tablier est de 1,000 tonnes : il correspond à une tension de 1,810 tonnes sur les quatre câbles, dont la résistance est de 12,000 tonnes. La plus grande surcharge admise se composerait d'un train de 200 tonnes, sur le chemin de fer, et d'une charge de 50 tonnes, sur la route, en voitures et passagers, soit 250 tonnes, qui produiraient sur les câbles une tension supplémentaire de 452 tonnes, et laisseraient leur tension totale inférieure au cinquième de la charge de rupture.

Ce pont, exécuté en 1855, quoique composé en partie de matériaux très-périssables, paraît s'être toujours bien comporté.

Les propriétés remarquables dont jouissent les ponts suspendus de résister exclusivement à la tension, de se trouver par eux-mêmes dans un état d'équilibre stable, de laisser au-dessous de leur tablier un débouché maximum, et plusieurs autres inutiles à rappeler ici, appellent encore sur eux l'attention des ingénieurs; il y a tout lieu d'espérer que les problèmes relatifs à leur rigidité, imparfaitement élaborés jusqu'ici, seront résolus au grand avantage de nos voies de communication de toutes sortes.

§ 5. — Systèmes divers.

Les trois dispositions qui font l'objet des articles précédents peuvent être combinées entre elles ou modifiées de diverses manières; c'est ainsi que l'on a créé divers types peu répandus, dont les principaux sont les suivants : 1° les bowstrings proprement dits, composés d'un arc comprimé dont les poussées sont équilibrées, non plus par des culées immuables, mais par une corde inextensible qui réunit leurs naissances et porte ordinairement le tablier (pont de Windsor, pont de la Vire, etc.). Cette forme, susceptible de nombreuses variantes, se rapproche de celle du solide d'égale résistance; elle n'est applicable qu'à des travées isolées et ne permet un entretoisement convenable que vers le milieu de la portée; 2° les systèmes employés par Brunel aux ponts de Chepstow et de Saltash, composés de deux arcs qui se présentent leur concavité et se rencontrent sur leurs points d'appui. Ils ont été peu imités; cependant M. Pauli a employé en Allemagne une combinaison analogue; seulement, au lieu de donner aux arcs comprimés la forme annulaire, il a choisi la section en double T ou en caisse. Le pont de Mayence, sur le Rhin, est construit de cette manière; les travées ont 105 mètres de portée; 3° on peut donner aux arcs une position inverse de la précédente, et faire en sorte qu'ils se présentent leur convexité; c'est alors au milieu du tablier qu'ils sont le plus rapprochés. On a quelquefois appliqué au-dessous du tablier des ponts suspendus des arcs inverses, mais ces additions ne présentaient aucune rigidité et n'avaient pour objet que de s'opposer au soulèvement du tablier par l'action du vent (pont de la Roche-Bernard) ; 4° les arcs ou leurs cordes peuvent être disposés de manière à se rencontrer, non sur les points d'appui, mais dans l'intervalle de la portée (pont de Leeds).

M. de Ruppert, ingénieur en chef de la Compagnie I. R. P. des Chemins de fer autrichiens, a envoyé à l'Exposition deux projets de ponts qui se rattachent à cette catégorie : l'un, pour le passage du Bosphore à Constantinople, se composerait de deux travées de 206 mètres d'ouverture ; l'autre, sur un ravin des Balkans, serait formé d'une seule travée de 253 mètres. Les deux arcs se couperaient au droit du point d'inflexion de la fibre neutre.

§ 6. — Ponts flottants. Bacs.

Deux solutions économiques ont été proposées pour traverser les grands fleuves et les bras de mer en chemin de fer : les bacs à vapeur et les ponts de bateaux.

La première a été appliquée sur les golfes de Forth et de Tay, en Écosse ; sur le Nil, à Kaffre-Arayat ; sur le Rhin, à Rheinhausen, près Duisburg ; des dessins pittoresques, accompagnés d'une description complète, représentaient ce dernier passage à l'Exposition Universelle de 1867.

Un pont de bateaux très-habilement disposé a été jeté sur le même fleuve, entre Maximiliansau et Maxau, pour mettre la ville de Carlsruhe en communication avec les chemins de fer du Palatinat et de l'Alsace. Ce pont a 362^{m}80 de long ; il se compose de deux rampes d'accès de 64^{m}80 et d'une partie flottante de 234 mètres. Il porte une voie de chemin de fer et deux chaussées. Le niveau du Rhin varie de 5^{m}10, et l'inclinaison des rampes de 0^{m}018 à 0^{m}0329 ; leurs rails sont portés par des longrines ; celles-ci reposent sur des traverses en tôle suspendues à des écrous à vis fixes, montés sur des chevalets, plantés dans le sol ; au moyen de ces vis, on fait varier l'inclinaison des rampes suivant la hauteur des eaux. Les longrines sont articulées à charnière au point de jonction de la voie fixe avec l'origine de la rampe. La partie flottante comprend douze travées reposant sur trente-quatre pontons. Les deux travées de rive portent les voies par l'intermédiaire de chevalets pourvus de vis, de manière à établir un raccordement convenable entre la rampe d'accès et la partie flottante ; sur le premier chevalet de terre, a lieu la réunion des longrines de la rampe et de la travée de rive ; les deux longrines, présentées bout à bout, sont réunies par une charnière et supportent la traverse en tôle par l'intermédiaire de ressorts qui atténuent l'effet de la dénivellation brusque qui se produirait par le passage d'une charge en mouvement, de la partie fixe à la partie flottante du pont. Les trois travées adjacentes de chaque côté aux travées de rives sont susceptibles de s'ouvrir pour le passage des bateaux ; elles sont réunies facilement par le moyen d'armatures à charnières, qui se déplacent, aux travées voisines. Les quatre travées du milieu ne s'enlèvent que pendant les débâcles. Ce pont flottant a coûté 328,000 francs, soit 1,400 francs par mètre linéaire de débouché.

§ 7. — Ponts tournants.

Dans aucune espèce de travaux, l'emploi de la tôle ne présente des avantages aussi incontestés que pour les ponts tournants ; les ponts de Dunkerque, du Havre, de Toulon, en France, de la Parnitz, de Kœnigsberg, en Allemagne, de Zvolle, en Hollande, qui figurent à l'Exposition, sont en tôle. En Amérique seulement, on continue à employer le bois, et on l'applique à de très-grandes portées, ainsi que le témoigne le modèle exposé par MM. Chapin et Wells, de Chicago.

L'attention est surtout attirée à l'occasion de ce système de ponts par celui de Brest, de beaucoup le plus grand et le plus hardi de tous les ouvrages de ce genre. Ce pont a été souvent décrit ; il suffira de rappeler ses dimensions principales. La longueur du tablier métallique est de 174 mètres ; elle est partagée en deux volées qui laissent une largeur de passage libre de 106 mètres quand elles sont ouvertes. Chacune de ces volées pèse 600 tonnes et peut se manœuvrer avec deux hommes en quinze minutes au plus. Le pont a coûté 2,118,835 francs.

CHAPITRE IV.

NAVIGATION INTÉRIEURE.

La navigation intérieure occupait, il y a trente ans, une des premières places dans les préoccupations publiques ; l'avénement des chemins de fer semble, aux yeux de beaucoup de personnes, l'avoir reléguée à un rang par trop modeste. La France possède un réseau de 6,900 kilomètres de rivières navigables et de 4,800 kilomètres de canaux, qui reste un des instruments les plus féconds de son activité industrielle, le seul dont la concurrence sérieuse puisse être opposée au monopole des chemins de fer. Toutes les grandes vallées qui débouchent dans la mer du Nord, l'Océan et la Méditerranée sont unies par les diverses branches de ce réseau ; certaines anomalies et un assez grand nombre d'obstacles partiels s'opposent encore à des relations faciles entre toutes ses parties ; mais on s'occupe de les faire disparaître. Ces travaux d'amélioration ont pour principal objet d'assurer aux bateaux partout, et autant que possible en tout temps, un tirant d'eau suffisant ; on arrive à ce résultat par divers procédés : les éclusées ou lâchures, crues artificielles et périodiques, obtenues au moyen des eaux préalablement retenues dans des réservoirs ou dans des biefs aménagés à cet effet ; les barrages, les digues longitudinales et coupures régularisant le lit des fleuves, les canaux artificiels. A ce premier intérêt de l'aménagement des eaux intérieures en faveur de la navigation se rattachent d'autres questions très-importantes et qui touchent à la fois à l'agriculture, à l'industrie et à la salubrité publique : celles des irrigations, du desséchement des marais, des usines hydrauliques, des distributions d'eau, des inondations. L'Exposition Universelle offrait des spécimens de ces divers genres de travaux, dont quelques-uns ont été appréciés ailleurs.

§ 1. — Barrages.

Les barrages munis d'écluses sont employés dans les parties des rivières où l'étiage est insuffisant ; mais la plupart de nos voies navigables ont un régime trop inconstant pour admettre des barrages fixes ; l'invention des barrages mobiles applicables aux grands cours d'eau a été un fait capital dans l'histoire de notre navigation intérieure. Ceux dont on se sert aujourd'hui appartiennent à trois systèmes, et sont assez connus pour qu'il soit inutile d'insister longuement sur leur description.

Le système de M. Poirée, inventé en 1833, a été appliqué sur l'Yonne, la Seine, l'Oise, le Cher, la Meuse, l'Èbre, etc. ; il se compose d'un rideau d'aiguilles en bois s'appuyant par leur pied contre la saillie d'un radier en maçonnerie, et par leur tête contre des barres horizontales en fer élevées de quelques décimètres au-dessus du niveau de la retenue. Les barres d'appui font partie d'un système de fermettes métalliques qui se relèvent verticalement ou se couchent horizontalement, suivant que l'on veut exhausser ou abaisser le niveau des eaux d'amont. Les perfectionnements successifs qu'a reçus le système de M. Poirée depuis son origine consistent principalement : 1° dans l'augmentation de la hauteur des fermettes, qui a été portée de 1^m50 (barrage de Basseville sur l'Yonne, 1834) à 3^m30 (barrages de la basse Seine) ; cette amélioration est considérable ; les barrages étant toujours un obstacle et une cause de ralentissement pour la navigation, on doit chercher à en restreindre le nombre en donnant à chacun d'eux la plus grande hauteur possible ; 2° dans l'établissement de systèmes d'échappement permettant d'abattre très-rapidement le barrage et d'éviter les inconvénients produits par les crues subites survenant pendant que la rivière est fermée, ainsi que la manœuvre pénible de l'enlèvement à la main des aiguilles en hautes eaux.

Le modèle du barrage de Martot, sur la Seine, offre un des exemples les plus nouveaux et les plus complets du système des fermettes. Ce barrage, de 163 mètres de long entre les parements intérieurs des culées, a coûté 708,800 francs, soit 4,050 francs par mètre courant.

Le second système est celui de M. Chanoine; il a été appliqué pour la première fois au barrage de Conflans, construit en 1855 au confluent de l'Aube et de la Seine : depuis, douze barrages de la haute Seine entre Paris et Montereau, dix-sept barrages de l'Yonne et plusieurs de ceux de la Marne ont été construits sur le même modèle.

Les barrages de la haute Seine peuvent être considérés comme un type. Ils comprennent trois parties principales : 1° une grande écluse à sas submersible placée le long de la rive affectée au halage ; 2° une passe navigable de 40 à 55 mètres de long, pourvue de hausses mobiles, dont le seuil est à 0^{m}60 au-dessous de l'étiage ; 3° un déversoir régulateur muni de hausses automobiles, dont la partie fixe est arasée à 0^{m}50 au-dessus de l'étiage, et dont la longueur est de 60 à 70 mètres.

La disposition des hausses du déversoir est la partie la plus caractéristique du système : elles se composent d'un châssis rectangulaire en bois, fixé vers le tiers de sa hauteur sur un axe horizontal autour duquel il peut tourner librement : cet axe constitue le côté supérieur d'un chevalet en fer en forme de trapèze, qui est lui-même doué d'un mouvement de rotation autour de sa base inférieure ; enfin un arc-boutant en fer, fixé par articulation au milieu du côté supérieur du chevalet, permet de maintenir celui-ci levé contre le courant ; le pied de cet arc-boutant est appuyé contre un arrêt en fer scellé sur le radier.

Quand les hausses sont couchées, elles recouvrent tout le mécanisme.

Les hausses du déversoir ont une hauteur de 1^{m}95 et une largeur de 1^{m}10 ; quand elles sont dressées, leur sommet affleure le niveau de la retenue ; leur axe de suspension se trouve à la hauteur du centre de pression dû à l'action de l'eau retenue ; aussitôt que le niveau de cette eau s'élève, il résulte de la disposition adoptée que les hausses se mettent spontanément en bascule et laissent le passage libre, jusqu'à ce que, les eaux étant redescendues à leur niveau primitif, elles se relèvent d'elles-mêmes.

Les hausses de la passe navigable présentent la même disposition générale ; elles ont une hauteur de 3 mètres et une largeur de 1^m20 : leur axe de rotation est entre la moitié et le tiers de leur hauteur. On les abaisse au moyen de barres à talons manœuvrées de la rive, qui agissent successivement sur le pied de tous les arcs-boutants de la passe et les poussent en dehors de leurs points d'appui ; un barrage de 50 mètres s'ouvre en quatre minutes. On les relève, lorsqu'elles sont couchées, au moyen d'un treuil placé sur un bateau spécial qui s'appuie pour manœuvrer, soit contre l'épaulement de la pile en rivière, soit contre la partie déjà levée du barrage ; on peut relever une passe en une heure.

Voici maintenant comment l'ensemble du système fonctionne.

Dans la saison des grandes eaux, tout le barrage est couché, et la navigation s'opère par la passe sans aucun obstacle. Pendant les basses eaux, toutes les hausses sont relevées, le niveau est maintenu dans la retenue, et la navigation a lieu par l'écluse à sas. S'il survient une crue subite, le déversoir se met en bascule de lui-même et maintient la retenue au niveau voulu ; si la crue est considérable, on abat tout ou partie des hausses de la passe navigable. Toutes les manœuvres se font avec rapidité et sûreté et en partie automatiquement.

Les barrages de la haute Seine ont coûté en moyenne 755,014 francs chacun ; les prix par mètre courant sont les suivants :

	Partie fixe.	Partie mobile.	TOTAL.
Passe navigable..........	2,277 fr. 94 c.	791 fr. 74 c.	3,069 fr. 68 c.
Déversoir...............	1,038 01	382 97	1,420 98

On a employé à l'exhaussement d'une partie des barrages de Saint-Martin et de Pechoir, sur l'Yonne, où les efforts à supporter sont moindres que dans les cas précédents, une disposition fort simple, qui consiste à rendre fixe l'axe de bascule de la hausse sur l'arête du couronnement en pierre du déversoir. Ces hausses ont 1^{m}95 de large ; elles dépassent de 1 mètre le niveau de leur axe de rotation et se prolongent à 9^{m}65 au-dessous ; leur traverse inférieure est de plus munie d'un contre-poids de 40 kilogrammes.

Ces hausses n'ont coûté que 66 francs par mètre carré.

Le troisième système est celui de M. Louiche-Desfontaines ; il a été appliqué à dix déversoirs sur la Marne : les passes navigables de cette rivière sont munies de hausses du modèle de la haute Seine, ou de fermettes. L'appareil des déversoirs se compose d'une série de vannes en tôle juxtaposées, mais indépendantes les unes des autres. Chacune de ces vannes tourne autour d'une charnière horizontale placée vers le milieu de sa hauteur. La moitié supérieure forme la hausse proprement dite ; la moitié inférieure s'appelle contre-hausse, et c'est sur elle qu'agit la force motrice empruntée à l'eau de la retenue, qui règle la manœuvre du barrage.

A cet effet, la contre-hausse est enfermée dans un tambour, de la forme d'un quart de cylindre horizontal, dont l'axe coïncide avec la charnière ; elle peut y décrire un quart de révolution. La feuille de tôle qui la compose est pliée dans le voisinage de la charnière et présente sa concavité vers l'amont ; elle se termine par une partie plane. Il en résulte que l'intérieur du tambour est divisé par cette contre-hausse, dans toutes les positions qu'elle peut occuper, en deux compartiments, formant par la juxtaposition des tambours successifs deux conduits continus sur toute l'étendue du barrage. C'est en introduisant l'eau de la retenue dans l'un de ces deux conduits, et en vidant l'autre au moyen d'un jeu de vannes placées sur la rive et très-simplement disposées, qu'on fait agir la pression due à la hauteur d'eau de la retenue, soit sur la face d'amont, soit sur la face d'aval de la contre-hausse, et qu'on obtient tous les mouvements de relèvement et d'abaissement des hausses, avec la plus grande facilité, et sans quitter les rives. Ces déversoirs ont reçu depuis leur origine divers perfectionnements qui simplifient et régularisent la manœuvre. Ils coûtent en moyenne 2,357 francs par mètre courant, lorsqu'ils sont munis de tous leurs accessoires.

§ 2. — Régularisation du lit des fleuves.

Les barrages, qui rendent de si grands services à la navigation dans les parties hautes des rivières, ne sont plus qu'un expédient désastreux dans les régions maritimes voisines des embouchures. On y a suppléé, sur certains fleuves, en régularisant leur lit au moyen de coupures et de digues longitudinales; on cherche à donner au chenal une forme analogue à celle d'un cône très-allongé, en tenant compte, par des calculs aussi précis que le comporte la science de l'hydraulique, de toutes les circonstances de pente et de débit que permettent d'apprécier les observations directes, de manière que le mouvement alternatif des marées et le courant propre du fleuve entretiennent en tout temps une vitesse suffisante pour empêcher les atterrissements. Ce système a reçu en Écosse une application grandiose; si la ville de Glasgow, depuis le commencement de ce siècle, s'est élevée du rang d'une cité secondaire à celui de la métropole du commerce et de l'industrie dans le nord de la Grande-Bretagne, et d'un des premiers chantiers de constructions maritimes du globe; c'est grâce aux améliorations obtenues dans la Clyde par l'emploi des digues longitudinales.

D'excellents effets avaient été obtenus en France sur la Vire, lorsqu'on s'est décidé à en faire un essai sur la basse Seine, dont le chenal offrait tant d'obstacles et de périls. Encouragés par le succès, les ingénieurs ont étendu les digues, de proche en proche, de Rouen à l'estuaire de la Seine. Aujourd'hui des résultats considérables sont acquis. Le trajet entre le Havre et Rouen, qui prenait au moins quatre jours, s'effectue en huit ou dix heures par les remorqueurs, ou par le touage à la remonte, et en une marée ou deux au plus à la descente. Le tonnage des bateaux admis à Rouen, qui ne dépassait pas 200 tonneaux, a doublé en moyenne et s'est élevé jusqu'à 700 tonneaux. Le prix du fret sur la rivière est descendu de 10 à 5 francs par tonneau. Dans une notice récente, la chambre de commerce de Rouen évaluait à 3,500,000 francs l'économie annuelle que les travaux d'endiguement de la basse Seine procurent au commerce et à la navigation. Ces beaux résultats ont été obtenus au prix d'une dépense de 1,830,946 francs. Mais ils ne se sont pas bornés à l'amélioration du fleuve, qui met la capitale de la France en communication avec l'océan. Dans les intervalles existant entre les digues et les anciennes rives, des alluvions se sont déposées ; elles forment aujourd'hui 8,600 hectares d'excellentes prairies, dont la valeur totale représente au moins 21,500,000 francs. Il est certainement peu de circonstances où la valeur rémunératrice des travaux publics se mesure par des chiffres aussi éloquents.

Les travaux de la basse Garonne offrent un second exemple des bons effets que l'on peut espérer de la régularisation du cours des fleuves dans leur région maritime. Les conditions locales ne comportaient pas un ensemble aussi complet que sur la Seine. On s'est attaqué successivement aux parties défectueuses du fleuve, au moyen de digues longitudinales arasées à 2^m50 seulement au-dessus de l'étiage, afin de ne pas gêner l'introduction du flot. Avec ces digues et quelques coupures, on a modifié la configuration des rives de manière 1° à

adoucir le passage trop brusque du courant de l'une à l'autre ;
2° à réunir les eaux dans le chenal suivi par la navigation sur
les points où elles se partageaient en deux bras ; 3° à faire
disparaître les élargissements trop considérables du lit, tout en
lui conservant une section proportionnée au volume d'eau que
peut recevoir la partie supérieure de la région maritime ; 4° à
rétablir la coïncidence entre les chenaux creusés par les cou-
rants de flot et de jusant.

Grâce à ces travaux, les plus grands navires de commerce
remontent à Bordeaux sans difficulté ; les paquebots trans-
atlantiques de la ligne du Brésil ont pu s'y installer, et ils
n'ont jamais été arrêtés par l'état des passes.

§ 3. — Inondations ; réservoirs.

Les désastres occasionnés depuis quelques années par les
inondations ne sont que trop connus, et la recherche des
moyens de les prévenir est devenue l'objet des préoccupations
les plus vives. On sait que ce fléau avait éprouvé nos prédécesseurs ; ils ont exécuté, pour s'en garantir, des travaux considérables, tels que les levées de la Loire. Pendant un demi-
siècle, depuis 1790, aucun accident sérieux n'était venu
ébranler la confiance accordée à ces anciennes défenses, lorsque arrivèrent coup sur coup les inondations de 1846, 1856
et 1866. Pour ne citer que la seconde, on a évalué à 177 millions les pertes individuelles qu'elle a occasionnées, non
compris 28 millions de dommages causés aux routes, levées
et travaux de navigation. Les études entreprises à cette occasion ne pouvaient malheureusement aboutir qu'après de longues
années consacrées à réunir et à analyser une masse énorme
de documents relatifs aux conditions topographiques, météo-
rologiques, géologiques, économiques des divers bassins ; il
fallait encore approfondir de nouveaux problèmes jusqu'ici
négligés par la science hydraulique, et enfin appliquer ces
connaissances à la rédaction de projets embrassant toute la

superficie de l'Empire. L'atlas de la carte et du nivellement de la Loire, exécuté de 1847 à 1862, qui figure à l'Exposition, peut faire apprécier en partie l'étendue de ces travaux préliminaires.

La lettre impériale du 19 juillet 1856 donnait à ces études une direction précise ; mais, à cette époque, un accord unanime ne pouvait guère s'établir que sur un point : la nécessité de protéger immédiatement les principaux centres de population contre le retour des désastres qu'ils venaient de subir. Au prix de 31 millions, 50 villes ont été entourées de travaux de défense, dont les inondations de 1866 n'ont pas tardé à éprouver l'efficacité. L'étude de la défense des vallées s'est poursuivie pendant cet intervalle ; des divers moyens proposés : digues insubmersibles, digues avec déversoirs, réservoirs, reboisement, il a été reconnu qu'aucun ne pouvait être l'objet d'une préférence exclusive et absolue, mais qu'ils devaient être combinés suivant les circonstances locales. On a dû renoncer, en beaucoup de circonstances, à mettre les vallées à l'abri de l'invasion des eaux d'une manière absolue ; ce qui est à craindre, d'ailleurs, c'est l'inondation subite et violente, comme celle qui se produit par la rupture des digues. Le séjour sur les terres d'eaux calmes et limoneuses est un bienfait pour beaucoup de cultures ; il ralentit la marche et diminue l'intensité des crues en aval. L'idée d'emmaganiser dans des réservoirs, construits vers le haut des vallées, la partie dommageable des crues, pour la laisser ensuite s'écouler après le danger passé, était assurément l'une des plus logiques et des plus séduisantes que l'on pût concevoir ; elle s'appuyait sur les exemples que nous fournit la nature elle-même, dans ces grands lacs qui servent de modérateurs et de régulateurs aux cours d'eau descendus des Alpes, comme les lacs de Genève et du Bourget sur le Rhône, comme les beaux lacs auxquels la Lombardie doit un régime hydraulique si favorable. Ces exemples avaient été mis à profit au temps de Louis XIV ; les digues de Pinay et de la

Roche, sur la Loire, au-dessus de Roanne, témoignent que nos prédécesseurs en avaient compris toute la portée. Les intérêts de la défense des vallées pourraient d'ailleurs se concilier avec ceux de l'agriculture et de l'industrie, en réservant pour leur usage une portion de la capacité des réservoirs.

Avant d'entreprendre un ensemble de travaux gigantesques, l'administration a voulu toutefois s'éclairer par l'expérience. Ce n'est pas que la France ne possède déjà un grand nombre d'ouvrages analogues. Nos canaux à point de partage sont pourvus depuis longtemps de réservoirs très-vastes qui influent sensiblement sur le régime des rivières. Plusieurs ont été construits dans ces dernières années. On peut citer : le réservoir de Montaubry, sur le canal du Centre, avec digue en terre de 16^{m}58 de hauteur ; il contient 5 millions de mètres cubes d'eau ; le réservoir des Settons qui sert à l'alimentation de l'Yonne, où la navigation a lieu par éclusées ; il contient 22 millions de mètres cubes d'eau, retenus par une digue en maçonnerie de 18 mètres de haut. Mais les nouveaux réservoirs doivent fonctionner dans des conditions différentes : le premier spécimen établi est celui du Furens, au-dessus de Saint-Étienne (Loire) : il appartient à un système de travaux qui ont un triple objet, savoir : 1° mettre la ville de Saint-Étienne à l'abri des inondations ; 2° alimenter d'eau potable cette ville qui compte 100,000 habitants et pourvoir aux besoins de son service municipal ; 3° assurer en tout temps aux nombreuses usines situées sur le Furens une force hydraulique suffisante et supprimer les chômages.

Pour satisfaire à ces diverses destinations, un barrage en maçonnerie de 50 mètres de hauteur a été construit au point le plus étroit de la vallée du Furens, un peu au-dessus du village de Rochetaillée ; le site choisi présente une disposition exceptionnellement favorable : un massif de rochers s'avance en travers de la vallée et la réduit à un étroit défilé, de manière que la longueur de la digue en couronne n'est que de

100 mètres. Elle peut retenir un cube de 1,600,000 mètres d'eau; une hauteur de 5m50 correspondant à un cube de 400,000 mètres reste toujours vacante pour emmagasiner la portion dommageable d'une crue; le reste forme une réserve pour l'alimentation de la ville et des usines.

La forme du barrage a été étudiée avec le plus grand soin. Le système comprend, en outre, plusieurs ouvrages accessoires, dont les principaux sont les suivants : 1° un canal latéral au réservoir qui, en temps ordinaire, conduit directement à l'aqueduc alimentaire de la ville les eaux recueillies aux sources du Furens; 2° un système de ventellerie placé à l'origine du réservoir, au moyen duquel on peut régler à volonté le volume d'eau à envoyer dans le canal ou dans le réservoir, de manière à protéger Saint-Étienne contre les inondations, et à emmagasiner les eaux dont la quantité dépasse les besoins immédiats de la consommation; 3° à l'issue du réservoir, un premier tunnel percé dans le rocher, en dehors de la digue, pour évacuer les eaux emmagasinées dans la tranche supérieure du réservoir, dès qu'une crue dangereuse est passée; 4° un second tunnel, à un niveau très-inférieur au premier, conduisant en temps de sécheresse les eaux du réservoir à un puisard, d'où elles peuvent se rendre à volonté, soit dans le lit du Furens, pour alimenter les usines, soit dans l'aqueduc souterrain de la ville.

En manœuvrant convenablement les vannes et robinets placés aux divers orifices, les fonctions multipliées du réservoir se trouvent remplies de la manière la plus régulière et la plus satisfaisante.

Si vaste que soit l'ensemble des travaux destinés à mettre le pays à l'abri des désastres des inondations, il serait téméraire de prétendre que l'on parviendra jamais à détourner complétement les dangers dus à des phénomènes naturels aussi grandioses; on doit éviter par-dessus tout d'inspirer aux populations une fausse sécurité. Mais les études du service des inondations, entre autres résultats considérables, en ont déjà produit un, dont il serait injuste de méconnaître l'importance : grâce aux progrès de la météorologie, par des observations pluviométriques et hydrométriques bien combinées dans le haut des vallées, il est possible d'annoncer plusieurs jours d'avance, à quelques centimètres et à quelques heures près, les crues de nos plus grands fleuves : une bonne organisation administrative, secondée par le concours de la télégraphie électrique et de signaux particuliers au besoin, permet d'avertir les communes menacées dans un délai suffisant pour prendre les mesures de défense nécessaires, enlever les récoltes et mettre à l'abri les biens et les personnes en péril. La vallée de la Meuse offre un excellent type de cette organisation, et il serait désirable de la voir adopter plus généralement.

§ 4. — Canaux.

Quand une rivière est tellement incorrigible qu'elle résiste à tous les moyens d'amélioration ordinaires, on la remplace par un canal. C'est ce qui a lieu en ce moment pour le bas Rhône; tous les essais tentés pour abaisser la barre de ce fleuve, à son embouchure dans la Méditerranée, ayant échoué, on s'est décidé à ouvrir une communication directe entre le golfe de Foz et la partie profonde située au-dessus de la barre du Rhône, au moyen d'un canal de 8 mètres de tirant d'eau et de 5 kilomètres de long, qui rendra le bassin compris entre Arles et la mer accessible aux plus grands navires.

La conception de ce projet n'est pas absolument neuve ; elle remonte à Marius ; cent deux ans avant l'ère chrétienne, afin d'approvisionner son armée, d'aguerrir ses soldats et de les préparer à vaincre les Teutons, qui menaçaient l'Italie, il leur faisait creuser, entre le Rhône et la mer, un canal qui a longtemps porté son nom et auquel la ville d'Arles a dû, sous la domination romaine, sa splendeur et son titre de Rome gauloise. Après vingt siècles d'oubli, l'œuvre de Marius va renaître, ranimer la navigation du Rhône et apporter un nouvel élément de prospérité à ces régions favorisées de la Provence. Ce serait sortir du cadre exclusivement technique, dans lequel nous devons nous renfermer, que de tenter une appréciation des conséquences économiques et politiques d'un travail de cette importance.

§ 5. — Ouvrages d'art divers.

Indépendamment des ouvrages cités plus haut, les travaux hydrauliques en comportent un grand nombre d'autres très-importants, et d'une exécution souvent difficile. Plusieurs de ces ouvrages ont été l'objet de perfectionnements remarquables. Nous pouvons citer les exemples suivants:

Pont-canal de l'Albe. — Ce pont, situé sur le canal des houillères de la Sarre, offre une application très-intéressante de la tôle, qui constitue toute sa superstructure; les culées et les piles seules sont en maçonnerie. L'emploi du métal a permis d'obtenir une étanchéité parfaite, de réduire au minimum la hauteur de l'ouvrage, et de diminuer, en même temps, dans une proportion considérable, le relief des remblais dans la traversée de la vallée, ce qui a représenté une économie d'environ 200,000 francs. Ce pont a une longueur totale de 47^{m}60, divisée en trois travées; celle du milieu a 17 mètres et les deux autres 12^{m}50. Sa largeur est de 11 mètres, comprenant une voie d'eau de 6^{m}80 et deux chemins de halage de 2^{m}10. Il a employé 168,740 kilogrammes de métal, soit 3,440 kilogrammes par mètre courant, sa charge normale étant de 19,680 kilogrammes par mètre linéaire. La dépense s'est élevée à 148,000 francs, soit 2,060 francs par mètre.

Siphon de Mittersheim. — Pour maintenir à un niveau convenable les eaux des réservoirs dans les vallées de montagne, exposées à des crues subites et violentes, on est obligé d'établir des déversoirs de superficie encombrants et coûteux; on a proposé plusieurs fois de leur substituer des siphons, qui, sous un volume bien moindre, permettent de débiter une masse liquide d'autant plus considérable que la différence est plus grande entre le niveau du réservoir et l'orifice inférieur du siphon. La difficulté est d'amorcer ces appareils. Elle a été résolue de la manière la plus ingénieuse au réservoir de Mittersheim (canal des houillères de la Sarre), retenue importante dont la capacité est de 7 millions de mètres cubes. L'appareil est double et composé de deux parties entièrement semblables, mais indépendantes ; il suffira d'en décrire une moitié. Le siphon se compose d'un tuyau en fonte de 0^m70 de diamètre, convenablement recourbé ; à côté se trouve l'amorceur ou petit tuyau de 0^m15 de diamètre : l'orifice supérieur de ce tube auxiliaire affleure le niveau normal de la retenue ; l'orifice inférieur plonge, ainsi que celui du siphon, dans une bâche constamment pleine d'eau. Les points culminants des deux tubes sont en communication directe par un petit branchement. Voici maintenant comment, au moyen de cette addition, le siphon s'amorce automatiquement : aussitôt que le niveau de la retenue s'élève de 0^m005 au-dessus de la hauteur voulue, l'eau commence à s'écouler dans l'amorceur ; son mouvement entraîne alors tout l'air contenu dans la partie supérieure et dans le siphon, où le liquide ne tarde pas à s'engager et à se déverser à raison de 7 mètres cubes par seconde, dès que la dénivellation atteint 0^m05. Quand la crue cesse, les mêmes phénomènes se reproduisent dans l'ordre inverse, et le siphon se désamorce de lui-même.

Vanne Chaubart. — On peut encore citer, parmi les combinaisons nouvelles appelées à rendre d'utiles services dans l'hydraulique pratique, la vanne de M. Chaubart. Cet appareil se compose d'une vanne automobile appuyée sur deux tourillons cylindriques horizontaux et immobiles, sur lesquels elle peut en quelque sorte rouler. La courbe directrice de la surface cylindrique de roulement est calculée de manière qu'on peut obtenir, soit un niveau constant de la retenue, soit un débit constant à l'orifice inférieur.

Portes en tôle du canal Saint-Maurice. — Les portes d'écluse sont construites, tantôt en bois, tantôt en métal; la question est encore débattue. Les portes en tôle construites pour le canal Saint-Maurice (Marne canalisée) offrent un nouvel argument en faveur de l'emploi du métal : elles ne coûtent qu'un cinquième en sus de ce qu'auraient coûté des portes en bois établies dans des conditions identiques. Par la simplification des assemblages et l'emploi exclusif des tôles et des fers spéciaux du commerce, une économie de plus d'un tiers a été réalisée sur le prix des anciennes portes métalliques. Ce nouveau type a déjà reçu cinquante-quatre applications diverses à des écluses de 5^m20 à 12 mètres de large.

§ 6. — Traction des bateaux.

Le problème de la navigation intérieure offre un second point de vue non moins important que celui auquel se rapportent les indications précédentes : il ne suffit pas de disposer d'un cours d'eau à régime convenable, il faut encore savoir l'exploiter avantageusement ; ici le bon emploi des moteurs animés ou mécaniques dont on dispose, l'économie du temps, l'amortissement rapide des capitaux ont la même valeur que dans toute autre industrie comparable, celle des transports sur route ou chemin de fer, par exemple. Sous ce rapport, notre navigation a encore beaucoup à faire : presque partout la traction des bateaux a lieu à bras d'homme ou avec des chevaux ou des bœufs, comme il y a des siècles. Les porteurs et remorqueurs à vapeur ne sont usités que sur les principales rivières ; depuis quelques années un système nouveau, celui du touage sur chaîne noyée, fonctionne sur la Seine et sur le canal Saint-Martin ; il doit être cité parmi les améliorations les plus remarquables réalisées dans ces derniers temps par l'industrie des transports. La chaîne employée aujourd'hui à ce service pèse 11 kilogrammes et coûte 6 francs 27 par mètre courant : elle supporte habituellement une tension de 4 à 5,000 kilogrammes. Les toueurs sont des bateaux pourvus d'une machine de 35 à 40 chevaux; elle commande un treuil sur lequel la chaîne s'enroule en passant sur le bateau, soutenue aux deux extrémités par des aiguilles mobiles, pourvues de poulies, qui facilitent beaucoup les manœuvres. L'avancement a lieu en raison de l'adhérence de la chaîne sur le fond de la rivière qui est égale à 0.70 ou 0.80 du poids de la partie en contact. La vitesse moyenne est de 0^{m}40 à 0^{m}45 par seconde. Dans les parties où il y a peu de courant, le toueur remonte huit bateaux chargés de 200 à 250 tonneaux. Le nombre des voyages qu'un bateau peut faire dans un temps donné est augmenté par le touage dans le rapport de 3 à 2. Le prix de traction est moindre que par tout autre système mécanique.

Système Bouquié. — Le système du touage par convois n'est pas praticable sur les canaux ni sur les rivières canalisées qui ne sont pas pourvues, comme la Seine, d'écluses de 100 mètres de longueur, où tout un train peut se garer. On a cherché le moyen de rendre le touage applicable à la navigation par bateaux isolés. M. Bouquié a résolu cette difficulté. Son moteur est une locomobile qui met en mouvement l'arbre d'une poulie à mâchoires mobiles, faisant saillie sur le flanc gauche du bateau. Cette poulie est embrassée par la chaîne sur le tiers environ de sa circonférence, au moyen d'une petite poulie de tension, et c'est par son intermédiaire que l'avancement a lieu. Tout ce mécanisme est porté sur un châssis mobile que l'on peut transporter d'un bateau à un autre. Les manœuvres de croisement des bateaux et de passage des écluses s'effectuent avec la plus grande facilité. Le système Bouquié fonctionne, depuis plusieurs années, sur le canal Saint-Martin d'une manière très-satisfaisante, et il vient d'être installé sur la partie construite du canal de Suez.

En résumé, les prix de revient et les parcours journaliers, obtenus par les divers systèmes de traction de bateaux, sont à peu près les suivants :

	PRIX DE TRACTION par tonne kilométrique.	PARCOURS moyen par jour.
Traction à bras d'homme sur les canaux	0 f. 0077	11 k. 34
Traction par cheval — —	0 0196	22 49
— sur les rivières.	0 0498	21 07
Traction par la vapeur.—Remorqueurs	0 016 à 0,036	»
— Toueurs, demi-charge.	0 0185	33 33
— — pleine charge	0 022	33 33

Les données précédentes sont extraites d'un mémoire inséré au deuxième volume, année 1863, des *Annales des Ponts et Chaussées*, où la question de la traction des bateaux est traitée d'une manière très-complète. Ajoutons, avec les auteurs de ce mémoire, que, parmi les perfectionnements les plus indispensables et les plus faciles à réaliser pour cette industrie, il serait à désirer qu'on substituât aux modes actuels de chargement et de déchargement sur les quais de nos ports des procédés moins primitifs : on ferait aussi disparaître bien des incertitudes qui se traduisent en frais pour le commerce, en publiant pour les diverses voies navigables un livret officiel, analogue à celui qui a été rédigé pour la basse Seine.

CHAPITRE V.

FONDATIONS, OPÉRATIONS DIVERSES.

Parmi les difficultés que présente l'exécution des grands travaux, aucune ne surpasse celles qu'on rencontre dans l'établissement des fondations au milieu des eaux profondes et agitées, sur des fonds compressibles et mobiles ; aucune n'exige, pour être surmontée, plus d'énergie et d'aptitudes variées : cependant, l'œuvre de tant de fatigues, d'intelligence et de dévouement reste ensevelie sous les eaux, ignorée de la foule et appréciée seulement d'un petit nombre d'hommes spéciaux. L'art des fondations a réalisé, dans ces derniers temps, de grands progrès ; mais ils ne doivent pas faire perdre de vue les méthodes ingénieuses et fécondes auxquelles nos devanciers ont eu recours, et qui restent les plus usuelles ; méthodes d'autant plus remarquables que les hommes éminents qui les ont créées, presque entièrement livrés à eux-mêmes, étaient dépourvus des ressources de toute sorte qu'offre aujourd'hui le concours de l'industrie privée. Nous n'avons pas à revenir ici, quoique l'Exposition en offre des applications remarquables, sur des systèmes connus depuis plus ou moins longtemps, tels que les caissons sans fond avec béton immergé, les caissons sans fond étanches, etc., ni sur plusieurs procédés plus spécialement usités dans les travaux maritimes et dont il est question ailleurs (blocs artificiels, puits foncés, pieux à vis). Quand il faut asseoir les bases d'une construction à plus de 10 mètres au-dessous des eaux, les systèmes anciens ne suffisent plus, ou, tout au moins, ils entraînent à de grandes dépenses et ils exigent un temps qui n'est plus compatible avec l'impatience de jouir dont nous sommes assiégés. Un procédé très-ingénieux permet aujourd'hui de descendre à des profondeurs qui dépassent 20 mètres dans les terrains les plus difficiles ; c'est le système tubulaire, dont il va être question.

§ 1. — Fondations tubulaires et par l'air comprimé.

Ce système consiste à enfoncer dans le sol de grands tubes en fer ou en tôle de 3 mètres environ de diamètre, que l'on vide peu à peu et qui descendent par l'effet de leur propre poids, accru d'une surcharge additionnelle, jusqu'à la ren-

contre d'un fonds suffisamment solide : on remplit alors ces
tubes de béton et l'on s'établit sur leur sommet. Le déblai
dans l'intérieur des tubes se fait à sec si le terrain est imper-
méable, et au scaphandre dans le cas opposé. M. le docteur
Pott avait proposé de recouvrir le tube d'un tampon hermé-
tiquement bouché et de faire le vide à l'intérieur ; la pression
atmosphérique favorise l'enfoncement du tube et le vide intérieur aide à la rentrée des terres : les résultats obtenus par
ce moyen n'ont pas été assez importants pour en généraliser
l'emploi. Au contraire, en faisant intervenir l'air comprimé,
suivant les procédés appliqués pour la première fois sur la
Loire, par M. Triger, en 1840, on a créé un des systèmes de
fondations les plus ingénieux et les plus sûrs, dont les applications se comptent aujourd'hui par centaines. Ces applications diffèrent entre elles principalement par la manière dont
se font le lestage du tube, l'extraction des déblais, le règlement
de la descente, et par la disposition des écluses à air.

Le poids du tube seul étant insuffisant pour faire équilibre au
frottement de ses parois, à la sous-pression de l'eau dans
laquelle il est plongé et à la pression de l'air intérieur, il faut,
pour obtenir son enfoncement, ajouter une surcharge. Dans les
premiers essais, cette surcharge était obtenue au moyen de
rails posés directement sur le sommet de l'appareil ; il fallait
les déplacer toutes les fois qu'on enlevait l'écluse pour allonger le tube ; c'était une dépense et une perte de temps qu'on a
su éviter par divers moyens.

Au pont de Bordeaux, où la nature variable du terrain ren-
dait dangereuse l'action d'une surcharge permanente, les
tubes ont été chargés au moyen d'un joug horizontal sur les
extrémités duquel agissaient les tiges de deux presses hydrauliques, fixées invariablement et lestées sur les échafaudages :
par ce moyen, on a pu régler très-facilement la charge du tube
suivant la consistance du sol et les autres circonstances accidentelles, telles que les marées et les crues du fleuve. Dans
d'autres cas, on a établi à une petite hauteur au-dessus du

fond du tube un plafond métallique, formant une chambre de travail où se tiennent les ouvriers chargés du déblai ; cette chambre est en communication avec l'écluse à air par un tube concentrique au premier. L'espace annulaire compris entre ces deux tubes reçoit le lest ; celui-ci peut être fait simplement avec de l'eau dont on règle à volonté la quantité suivant les besoins du travail ; cette méthode a été très-employée sur les chemins russes. D'autres fois, le lest est obtenu au moyen de la maçonnerie de remplissage du tube ; c'est le système du pont d'Argenteuil. Au pont de Bayonne, le lest était fait des déblais mêmes, extraits de la chambre de travail et relevés au-dessus de son plafond ; on évitait ainsi les pertes de pression dues au grand nombre d'éclusées nécessaires pour la sortie des déblais ; ils ont été extraits à l'air libre après l'achèvement du fonçage.

Dans les premières applications de l'air comprimé, la descente du tube avait lieu par la méthode dite des rentrées de terre : elle consistait, les ouvriers étant sortis, à lâcher brusquement l'air comprimé ; il en résultait une espèce de succion opérée sur le sol, l'entrée dans le tube d'une certaine quantité de terre désagrégée et l'abaissement plus ou moins prononcé de l'appareil ; mais cette méthode a le grave inconvénient d'ameublir le terrain aux environs des piles, de favoriser leur déversement et d'augmenter notablement le volume des déblais à extraire par éclusées. Il est plus sûr de fouiller dans la chambre de travail. Les déblais sont généralement extraits dans de petites bennes qu'on élève jusqu'à l'écluse avec un treuil mis en mouvement par une machine à vapeur extérieure ; quand l'écluse est à peu près remplie de bennes, on ferme sa communication avec la chambre de travail ; on se met en équilibre avec la pression extérieure ; on ouvre les portes et on sort les bennes pour les vider ; la rentrée des bennes vides a lieu par une opération inverse. Pour que cette opération n'interrompe pas le travail, les écluses sont souvent divisées en deux compartiments.

La construction du pont de Kehl a marqué plusieurs progrès importants dans l'histoire des fondations par l'air comprimé ; les piles de ce pont ont été descendues à 20 mètres au-dessous de l'étiage du Rhin ; elles sont massives et non plus formées de simples tubes comme les précédentes ; la chambre de travail est un grand caisson en tôle, dont la superficie occupe toute l'aire de la pile ; sur son plafond repose directement le massif de maçonnerie qui se construit à l'air libre à mesure que la pile descend plus ou moins rapidement, suivant les nécessités du lestage. Sur ce plafond s'élèvent trois tubes ; celui du milieu s'ouvre à l'air libre et contient une drague verticale qui puise au fond du fleuve les graviers que les ouvriers placés dans la chambre de travail détachent des bords et poussent constamment vers elle ; elle les élève et les déverse dans des chalands par les moyens ordinaires. Les deux autres tubes servent alternativement au passage des ouvriers et la chambre d'équilibre se transporte de l'un à l'autre, chaque fois que, la pile descendant, il faut allonger les tubes. Ainsi, aucun sassement n'est nécessaire pour l'extraction des déblais. Le système du pont de Kehl a été l'objet de nombreuses imitations : aux ponts de la Voulte, de Rovigo, d'Arles, de Saint-Gilles, de Kœnigsberg, etc.

Dans leur mouvement de descente, les piles sont exposées à s'éloigner de la verticale, et il faut pouvoir les y ramener à chaque instant ; ce résultat s'obtient au moyen de verrins montés sur les échafaudages, qui commandent des tiges de suspension fixées au bas du caisson ou du tube et suivent son mouvement de descente ; en réglant convenablement la tension de ces tiges, on maintient le caisson dans la position verticale.

§ 2. — Dragages.

Parmi les opérations préliminaires que comportent les travaux de fondation, le dragage a souvent un rôle important : la drague sert à enlever les couches compressibles et à mettre à nu le terrain solide sur lequel les fondations doivent s'élever ; elle est aussi le plus énergique instrument que l'on puisse appliquer aux travaux d'entretien et d'approfondissement des chenaux navigables des rivières, des ports et des rades.

M. Castor a exposé les dessins des divers types de dragues qu'il a employées dans ses nombreuses entreprises, et qu'il a sans cesse perfectionnées, depuis les petites dragues de la Seine qui n'extrayaient en 1840 que 200 mètres cubes de déblai par jour à raison de 2 francs le mètre, lesquelles ont fait place à d'autres extrayant 1,000 mètres au prix de 0 fr. 80 c., puis 1,500 mètres au prix de 0 fr. 40 c., jusqu'aux grandes dragues de dérochement du port de Boulogne. L'action de ces dragues a été combinée avec celle de machines élévatoires et de grues à vapeur, simples et ingénieuses, au moyen desquelles on opère très-économiquement le transbordement des produits du dragage sur chemin de fer : ces produits sont ordinairement des sables ou graviers, propres à la confection du ballast ou des remblais ; on a pu souvent réaliser par ces appareils un double avantage, améliorer les rivières et éviter, le long des chemins de fer, les emprunts qui créent des marécages au moins stériles.

M. Mauser, ingénieur autrichien, a exposé un beau modèle d'une drague à vapeur de 40 chevaux, construite à Trieste et destinée aux ports de l'Adriatique. C'est sur l'emploi des dragues qu'est fondée l'organisation actuelle des travaux de l'isthme de Suez ; les ingénieurs et entrepreneurs de la Compagnie universelle ont fait faire à l'art du dragage les progrès les plus considérables.

On doit citer encore, parmi les grands outils destinés à seconder le travail des dragues, le poinçon à vapeur, employé à des fouilles sous-marines en rocher pour l'approfondissement du canal d'Arles à Bouc ; c'est une application intéressante du principe du marteau-pilon.

§ 3. — Pilotage.

L'application de la vapeur au battage des pieux a été réalisée depuis longtemps par l'emploi de machines ingénieuses, mais lourdes et dispendieuses. On a réussi à exécuter cette opération avec beaucoup d'économie et de simplicité, en installant sur une plate-forme mobile sur rails une sonnette à déclic ordinaire, commandée par une locomobile. L'avantage de cette disposition s'est manifesté par des chiffres significatifs, résumés ci-dessous et recueillis au port de Toulon :

	SONNETTE MANŒUVRÉE	
	à bras.	à vapeur.
Prix de revient de battage d'un pieu....	11 fr. 05 c.	4 fr. 25 c.
Nombre de pieux placés dans le même temps	1 »	3 87
Nombre de coups battus par heure......	16 à 18	100 à 110

Ces dispositions ont reçu des imitations innombrables ; elles sont aujourd'hui généralement adoptées.

Deux maisons anglaises ont envoyé à l'Exposition des sonnettes à vapeur beaucoup plus maniables que les anciennes : ces deux appareils sont pourvus d'une chaîne sans fin, douée d'un mouvement continu, qui agit sur le mouton ; dans la sonnette de **MM.** Sissons et White, de Hull, celui-ci est muni en arrière d'une queue qui s'engage dans les vides des maillons de la chaîne, ou les quitte à volonté, et qui fait partie d'un mécanisme de déclic, manœuvré d'en bas par une corde : on obtient ainsi le mouvement alternatif du mouton. Les exposants annoncent que toute la machine, y compris son moteur à vapeur, ne pèse que 6 tonnes ; elle n'occupe avec sa plate-forme qu'un carré de 2^{m}10 de côté : le mouton donne 12 coups par minute en tombant d'une hauteur de 1^{m}50.

La sonnette de MM. Eassie et Cie présente un aspect général assez semblable à la précédente ; on a cherché à éviter dans cet appareil le frottement du mouton sur ses glissières en faisant passer la chaîne par une poulie de renvoi, dans la verticale du centre de gravité du mouton ; le déclanchement s'opère automatiquement par un arrêt fixé à la hauteur convenable. M. Castor a aussi exposé les dessins des sonnettes à vapeur qu'il a employées aux travaux de Perrache et d'Argenteuil.

M. Camuzat, serrurier à Vincennes, a réalisé quelques améliorations de détail intéressantes ; il a substitué aux sabots de pieux en fer à branches des sabots en tôle qui sont plus légers, garnissent mieux la pointe des pieux et les empêchent de s'écraser. Les pieux à vis de M. Mitchell sont toujours très appréciés dans les travaux de fondation.

§ 4. — Terrassements ; opérations diverses ; outillage.

Sous ce titre viendraient se ranger les sondes, les pompes d'épuisement, les appareils pour levage et bardage des matériaux, les outils, échafaudages et machines employés aux travaux de terrassement, de maçonnerie, de charpente et de grosse serrurerie, si la plupart de ces objets n'avaient été étudiés dans d'autres Rapports. Il convient toutefois de rendre hommage, en passant, aux services, chaque jour plus nombreux, rendus par les machines à vapeur locomobiles sur les chantiers ; pilotages, épuisements, levages ; ces machines s'appliquent à tous les travaux, et leur introduction a réalisé un progrès considérable aujourd'hui apprécié partout. Nous n'aurons plus ensuite qu'à rappeler un petit nombre de faits isolés ne se rattachant pas directement à d'autres sujets traités dans ce Rapport.

Modifier la configuration naturelle du sol à sa superficie, pour la rendre propre à la circulation des véhicules de toute sorte, tel est un des principaux objets de l'art de l'ingénieur, et l'un des éléments les plus considérables des frais de premier établissement des voies de communication. Cet élément entre, par exemple, pour environ 78,000 francs en moyenne dans le prix de revient kilométrique des chemins de fer, et ce n'est qu'au moyen d'études longues et patientes, dirigées par une profonde expérience, qu'on parvient à en réduire l'importance.

On se préoccupe toujours de trouver des machines capables d'effectuer avec économie dans les terrassements les travaux de fouille et charge des déblais. Les tentatives faites dans ce sens sont déjà nombreuses. Jusqu'ici les machines de terrassement n'ont pas réussi à l'emporter sur le travail manuel; la contexture du sol est presque toujours trop variable pour que l'habileté personnelle de l'ouvrier terrassier n'influe pas dans une large mesure sur la manière de l'attaquer; c'est seulement dans les sols très-homogènes, comme ceux sur lesquels on applique habituellement les dragues, que cette substitution pourrait se produire avantageusement. Nous n'avons pas à revenir sur ce qui a été dit ailleurs des grandes expériences qui se poursuivent à Suez. La fabrication des outils de terrassement ordinaires s'est d'ailleurs notablement améliorée; elle a profité des progrès de la métallurgie; les produits de la maison Limouzin frères la représentaient avantageusement à l'Exposition.

Les travaux de mine et d'attaque des roches dures appartiennent à la classe 47.

La question du chargement et du transport des déblais joue dans les terrassements un rôle trop considérable pour que les recherches des inventeurs ne soient pas souvent dirigées dans ce sens; des types spéciaux de voies de fer et de locomotives ont été étudiés pour ce service. On a employé dernièrement dans quelques grandes tranchées en terrains maniables un procédé ingénieux; il consiste à entamer la tranchée comme un souterrain au moyen d'une galerie et de puits percés sur son axe, espacés convenablement. La galerie est assez large pour le passage des trains de terrassement ; les wagons vides y sont introduits, et l'on y fait tomber les déblais en piochant à l'entour de l'orifice des puits, qui se transforment en entonnoirs de plus en plus vastes, à mesure que le travail s'avance.

M. Roux a employé à la ballastière de Pierrelongue, près d'Angerville (Loiret), un plan incliné de 0^{m}25 par mètre, rachetant une différence de niveau de 20 mètres. La traction avait lieu au moyen d'une corde sans fin animée d'un mouvement continu ; par un mécanisme fort simple, les wagons poussés sur la chaîne s'y rattachaient d'eux-mêmes au bas de la rampe et se détachaient de même au sommet.

Les travaux ingrats et difficiles, auxquels donne lieu la consolidation des talus de déblai et de remblai dans les terrains argileux ont été l'objet de nombreux perfectionnements ; nos chemins de fer en offrent de remarquables exemples.

Quant aux opérations de levage et de bardage, nous n'avons qu'à rappeler les appareils de MM. George, Bernier, Cousté, Castor, exposés en modèles ou en dessins et mentionnés ailleurs, ainsi que plusieurs autres.

§ 5. — Tunnels.

Les chaînes de montagnes opposent des obstacles formidables aux grandes voies de communication. On a réussi à inventer des procédés très-divers pour les franchir ; plusieurs sont pratiqués avec succès. La plupart reposent sur l'emploi de machines plus ou moins compliquées ; ils atteignent leur but en immobilisant un capital relativement faible, mais avec des moyens d'action insuffisants pour desservir un trafic considérable, et au prix de frais d'exploitation très-élevés. Par le moyen des tunnels, la difficulté est abordée de front ; le point de passage des faîtes se trouve abaissé au niveau des vallées, mais le capital immobilisé est énorme ; sur les chemins de fer français, les tunnels ont coûté de 900 à 3,000 francs

par mètre courant. Ce n'est pas cependant une raison pour
renoncer à cette solution quand des intérêts de premier ordre
sont en jeu ; les nombreux spécimens des systèmes de perce-
ments souterrains ou d'attaque des roches dures présentés à
l'Exposition Universelle prouvent que l'on en comprend plus
que jamais l'importance. Celui qui a reçu l'application la plus
grandiose fonctionne aux pieds des Alpes : le tunnel du
mont Cenis comptera au nombre des merveilles de l'industrie
humaine. La pensée de percer un souterrain de 13 kilomètres
de longueur sans puits intermédiaires ne pouvait être réalisée
que par des moyens extraordinaires, en rapport avec des
difficultés qu'on n'avait jamais abordées ; on sait que c'est
par l'emploi de l'air comprimé au moyen des forces hydrauliques fournies par les torrents des Alpes que les appareils de forage sont mis en mouvement, et que cet air,
après avoir servi au travail des outils, est employé à la venti-
lation des chantiers. Ce système a fait ses preuves ; plus de
la moitié du tunnel est percée ; les bancs de roches les plus
résistants ont été traversés, tout permet d'espérer qu'avant
trois ans la nouvelle voie épargnera aux voyageurs entre la
France et l'Italie une ascension de 1,000 mètres, et dix heures
de fatigues et quelquefois de dangers.

Les appareils applicables à la construction des tunnels
appartenant presque tous à la classe 47, nous n'avons plus à
mentionner que le modèle des cintres métalliques employés
par M. Reziha, en Allemagne, et celui du tunnel d'Ivry (Seine),
sur le chemin de fer de Ceinture (rive gauche), qui a présenté
des difficultés particulières et des dangers nombreux, à cause
de l'existence de carrières abandonnées sous le tracé.

CHAPITRE VI.

RÉSUMÉ.

Si, jetant un coup d'œil en arrière, on entreprend de résumer les impressions résultant de l'examen que nous avons essayé, et des faits que nous avons constatés, on est premièrement frappé de l'application de plus en plus étendue des indications de la science éclairée par l'expérience à l'art de construire. L'intervention des machines dans tous les genres de travaux, le perfectionnement du matériel des entrepreneurs, la sûreté des prévisions, la promptitude, l'économie, la sécurité qui en résultent, nous offrent les témoignages incontestables de ces tendances. Nous sommes portés à en attribuer les heureux effets, en grande partie, au système rationnel d'éducation généralement adopté par les ingénieurs et les constructeurs, système basé sur les méthodes et les principes dus aux illustres fondateurs de l'École polytechnique de France, qui portent aujourd'hui leurs fruits et sont imités presque partout. Il est très-loin de notre pensée de contester en rien l'importance de cette partie de l'éducation du constructeur, qui ne peut se faire que sur les chantiers et dans les ateliers; nous constatons aussi, avec une vive satisfaction et une admiration profondément sentie, les progrès dus aux hommes exclusivement pratiques ; mais les chefs de notre armée industrielle ont su réunir ordinairement la double instruction pratique et scientifique et féconder l'une par l'autre. Remarquons d'ailleurs que les progrès signalés aujourd'hui sont dus à un concours immense de volontés et d'intelligences, cultivant le sol préparé par les découvertes de nos devanciers, plutôt qu'à l'intervention créatrice de quelques génies souverains.

L'établissement du réseau des chemins de fer nous a posé

de nombreux et difficiles problèmes qui ont été, en général,
heureusement résolus ; il a donné à l'art des constructions
une impulsion telle que, à aucune époque, on ne pourrait sans
doute rien constater de pareil à ce qui s'est fait de 1840 à
1867. L'intervention habituelle du fer dans les grands édifices
restera une des principales conquêtes et un des caractères de
cette période ; ce métal seul a permis de vaincre des obstacles
devant lesquels on était complétement arrêté il y a peu d'années. Les progrès de la métallurgie contribueront à étendre
ses applications ; il rendra aux nations civilisées des services
de plus en plus appréciés, mais il est appelé à un rôle plus
considérable peut-être, en permettant l'exécution rapide et
sûre des grandes voies de communication dans les régions les
moins accessibles du globe : sous ce rapport, nous ne sommes
encore qu'au début de l'ère des chemins de fer : l'Exposition
Universelle de 1867, par les relations qu'elle aura contribué à
nouer, aura certainement pour effet d'en hâter le développement.

La puissance de production des grands ateliers français les
met en mesure de prendre une large part à ce mouvement
général. Les documents fournis par les grandes usines, par
MM. Schneider, Gouin, Cail, Martin, Joly, Rigolet, etc., nous
montrent qu'elles ont contribué puissamment à l'exécution de
nos travaux publics ; mais, en même temps, dans les grands
travaux des nations étrangères, elles ont dignement représenté
l'industrie de notre pays. Il y a, dans ce nouvel ordre de
produits, les éléments d'un commerce d'exportation considérable ; à l'intérieur, des types très-économiques, appliqués
même à nos chemins vicinaux, ont été essayés et sont susceptibles encore d'améliorations ; les planchers, les combles et
autres constructions incombustibles qui se préparent dans les
mêmes ateliers, dont l'emploi ne s'est jusqu'ici répandu que
dans Paris et quelques grandes villes, sont destinés à des
applications de plus en plus fréquentes ; ces raisons et beaucoup d'autres trop longues à énumérer classent les ateliers

de constructions métalliques parmi les industries vraiment nationales les plus dignes de la sollicitude publique.

Cette industrie nous offre encore un des exemples les plus remarquables d'application scientifique. En effet, les métaux sont extrêmement chers, comparés à tous les autres matériaux; ils sont de plus extrêmement lourds; on ne peut les prodiguer: c'est seulement grâce aux procédés de calcul, découverts par les hommes de science, que les grands édifices métalliques peuvent s'élever avec l'économie et la hardiesse que nous admirons. Ce serait donc présenter un tableau bien incomplet de l'état présent de cette branche de l'art de l'ingénieur que de passer sans rendre un hommage mérité aux noms des hommes qui ont le plus contribué à créer la théorie moderne de la résistance des matériaux : Navier, Poncelet, Hodgkinson, Fairbairn, Clapeyron, etc.; rarement les catalogues et comptes rendus d'expositions ont mentionné ces noms, mais parmi les produits exposés beaucoup portent l'empreinte bien manifeste, quoique tacite, de leur concours.

Les expériences faites avant l'établissement du palais du Champ-de-Mars sur les arcs d'essai de la grande galerie du Travail nous fournissent une nouvelle preuve de la confiance que peuvent inspirer les calculs de résistance faits avec le soin convenable; ces expériences ont, en effet, donné des résultats concordant de la manière la plus satisfaisante avec ceux annoncés par les formules de M. Bresse.

Dans les autres catégories de travaux, nous avons eu aussi à constater de notables progrès; dans la maçonnerie elle-même, l'emploi des ciments à prise lente est un fait de la plus grande importance; le perfectionnement de l'outillage, des systèmes de levage, de décintrement, de fondations, est constant.

La navigation intérieure se met en mesure de lutter courageusement avec les chemins de fer ; elle a encore beaucoup à faire, particulièrement en ce qui concerne le système d'exploitation des voies navigables : il y a là pour la France un intérêt de premier ordre.

En résumé, dans les cinq années qui se sont écoulées entre la dernière Exposition Universelle de Londres et celle de 1867, il y a eu à constater moins de faits considérables, au point de vue où nous sommes ici placés, que dans la période de 1855 à 1862 : cette dernière a coïncidé avec l'exécution des plus grandes lignes de chemins de fer du réseau européen, et cette circonstance suffit à expliquer la différence qui vient d'être signalée. Cependant beaucoup d'améliorations de détail ont été obtenues ; le mouvement des grands travaux est loin d'avoir atteint sa fin ; tandis que s'achève l'Exposition de 1867, trois immenses entreprises marchent rapidement vers leur terme: le canal de l'isthme de Suez, dont l'ouverture est annoncée pour la fin de 1869 ; le percement du mont Cenis, et le chemin de fer du Pacifique, aux États-Unis, qui pourront être achevés dans un délai d'environ quatre ans; entreprises poursuivies à travers des difficultés de toute nature avec une persévérance qu'on peut appeler héroïque. Qu'on cherche dans l'histoire un concours de circonstances analogues, on aura peine à le trouver ; il suffit à caractériser une époque, et, quel que soit le jugement de la postérité sur la nôtre, les promoteurs de ces grandes entreprises, en qui se personnifient son activité et son génie, peuvent l'attendre avec confiance.

PERCEMENT DE L'ISTHME DE SUEZ,

—

Le percement de l'isthme de Suez sera dans quelques mois un fait accompli ; on regrette de ne pouvoir étudier sous ses divers aspects une œuvre présentant ce caractère de grandeur, appelée à introduire dans les habitudes du commerce maritime des modifications si avantageuses et si profondes, à développer et à concentrer de plus en plus dans ce bassin de la Méditerranée, qui lui a servi de berceau, le foyer de notre civilisation moderne. Abréger de plus de moitié la distance qui sépare les ports de l'Europe de ceux de l'extrême Orient (1),

(1) Le tableau suivant en dira plus que de longs commentaires; on a choisi Bombay comme objectif; ce port semble appelé, en effet, à devenir le principal entrepôt du commerce de l'Orient, quand sera terminé le réseau, aujourd'hui très-avancé, des chemins de fer qui le relient à toutes les parties des possessions anglaises dans l'Inde.

PRINCIPAUX PORTS D'EUROPE ET D'AMÉRIQUE.	DISTANCE JUSQU'A BOMBAY		DIFFÉRENCE en faveur DE SUEZ.
	PAR SUEZ.	PAR L'ATLANTIQUE	
	lieues.	lieues.	lieues.
Constantinople	1,800	6,100	4,300
Malte	2,062	5,800	3,738
Trieste	2,340	5,950	3,610
Marseille	2,374	5,650	3,276
Cadix	2,224	5,200	2,976
Lisbonne	2,500	5,350	2,850
Bordeaux	2,800	5,650	2,850
Le Havre	2,824	5,800	2,976
Londres	3,100	5,950	2,850
Liverpool	3,050	5,900	2,850
Amsterdam	3,100	5,950	2,850
Saint-Pétersbourg	3,700	6,550	2,850
New-York	3,761	6,200	2,439
Nouvelle-Orléans	3,724	6,450	2,726

abaisser les barrières qui, depuis l'origine des sociétés, séparent les uns des autres 700 millions d'hommes groupés sur les bords des mers de l'Inde et 300 millions d'Occidentaux, tel est le but poursuivi par M. Ferdinand de Lesseps et par ses coopérateurs. A ce seul énoncé, on se demande comment une telle entreprise a pu rencontrer tant de contradictions ; on s'en étonnera bientôt davantage encore : mais il ne nous appartient pas de retracer l'histoire de ces luttes ; nous devons même renoncer à mentionner toutes les difficultés matérielles qu'il a fallu vaincre pour amener ce vaste projet au terme si voisin du succès où il est enfin parvenu ; d'ailleurs, la Compagnie universelle du canal des deux mers est restée en communication journalière avec le monde entier par de nombreuses publications et par d'éloquents interprètes ; nous devons nous limiter dans cet exposé succinct au point de vue technique, et même n'aborder que l'examen des circonstances les plus caractéristiques ; elles se résument aujourd'hui dans un fait dominant : la substitution du travail mécanique au travail manuel. Mais, avant d'entrer à ce sujet dans les détails nécessaires, il convient d'indiquer sommairement quel est l'état des lieux, et quelle est la nature des travaux exécutés dans l'isthme pour réunir la Méditerranée à la mer Rouge.

§ 1. — Tracé du canal.

La longueur totale du canal est de 160 kilomètres ; il traverse successivement trois régions distinctes : les lagunes attenant au Delta du Nil, des hauteurs appartenant au désert, et la plaine brûlante de Suez.

En arrivant de la Méditerranée, on aborde à Port-Saïd, plage inhospitalière et solitaire, il y a peu d'années, où les bâtiments chargés des approvisionnements des premiers chantiers étaient obligés, pour débarquer leur cargaison, de la jeter à la mer et de la faire flotter péniblement jusqu'au rivage ; aujourd'hui, elle est animée par une ville de 10,000 âmes, par de vastes ateliers pourvus de toutes les ressources mécaniques de l'Occident et par un port de 51 hectares de superficie. Cette création est une des plus belles de la Compagnie : le port est formé par deux jetées en blocs artificiels de 25 tonnes; la plus importante est celle de l'Ouest; elle aura 2,660 mètres de long; une longueur de 2,200 mètres est exécutée; elle s'avance déjà jusqu'aux fonds de 8 mètres : la seconde jetée, celle de l'Est, n'aura que 1,800 mètres; plus de la moitié est faite. Ces deux jetées, distantes de 1,400 mètres à leur origine à terre, vont en se rapprochant et ne laissent qu'un passage de 400 mètres entre leurs musoirs. Le port est entièrement creusé à la drague et les déblais servent à l'établissement de terre-pleins sur lesquels la ville de Port-Saïd s'étend chaque jour.

Telle est l'entrée du canal; à la suite on rencontre, sur une longueur d'environ 65 kilomètres, les lagunes connues sous les noms de lacs Menzaleh et Ballah; leurs chenaux étroits et sinueux ne portaient que de misérables barques de pêche de 0^m40 à 0^m50 de tirant d'eau. En ce moment, vingt dragues à couloir y enlèvent par mois 600,000 mètres cubes de terre argileuse et les déposent en banquettes sur les bords du canal.

Au sortir des lagunes, le sol s'élève graduellement et forme un plateau dont la première partie est désignée sous le nom de seuil d'El Guisr; elle s'étend sur une dizaine de kilomètres de longueur, sa hauteur maximum au-dessus de la mer est de 17 mètres. Les travaux, commencés sur ce point par les contingents égyptiens, sont continués au moyen d'excavateurs à sec dont il sera question plus loin; la tranchée y est terminée jusqu'au niveau des eaux : il reste à introduire les dragues pour agrandir et transformer en canal la rigole qui conduit, dès à présent, les eaux de la Méditerranée jusque vers le 85e kilomètre.

Le seuil d'El Guisr se termine à une dépression naturelle dont la profondeur atteint 6 mètres au-dessous de la mer; c'est le lac Timsah; sur ses bords s'élève la ville d'Ismaïlia, métropole de la Compagnie ; ce lac était à sec ; il est maintenant rempli de 100 millions de mètres cubes d'eau dérivés de la Méditerranée par la tranchée d'El Guisr. Les eaux du Nil, amenées par le canal du Ouaddy, apportent la vie et la fécondité dans ces lieux autrefois désolés et en ont déjà complétement changé l'aspect ; de là, elles sont dirigées, d'un côté sur Port Saïd par une conduite en fonte établie sur la berge du canal à travers les lagunes, et de l'autre sur Suez par un canal à ciel ouvert et navigable. Ce canal débouche dans le port de Suez ; d'autre part, il est mis en communication avec la rigole d'El Guisr au moyen d'une dérivation spéciale ; par son intermédiaire, la communication se trouve établie de fait entre la Méditerranée et la mer Rouge ; il a déjà été utilisé par le commerce pour le passage de plusieurs bâtiments de mer ; un service de transit y fonctionne depuis plusieurs mois au moyen de chalands et de toueurs du système Bouquié ; les transports du matériel de la Compagnie sur toute l'étendue de ses chantiers ont lieu par cette voie.

Le lac Timsah est limité au sud par le seuil du Sérapeum qui s'étend entre le 85e et le 96e kilomètre ; quoique élevé de 6 mètres au-dessus de la mer, le Sérapeum est déblayé à la drague par un ingénieux procédé dont il sera fait mention ci-après.

La dernière région commence aux lacs Amers, vaste bassin de 100 kilomètres de tour, occupé par la mer Rouge, dans les temps anciens, maintenant asséché ; le canal les traverse sur une longueur de 32 kilomètres, dont une portion est à 8 mètres de profondeur au-dessous de la mer et où il y aura très-peu à creuser ; dès que seront ouvertes les tranchées aux abords, on introduira les eaux dans les lacs ; il faudra un volume de 1,500 millions de mètres cubes pour les remplir ; on calcule que cette opération grandiose durera dix mois.

Le seuil d'El Chalouf et la plaine de Suez s'étendent à la suite des lacs Amers sur une distance de 46 kilomètres ; on y rencontre un banc de rocher calcaire de 0m60 d'épaisseur ;

on le déblaye à la mine et les transports s'effectuent au moyen de plans inclinés et de wagons.

Le chenal du port de Suez est creusé par les dragues ; les déblais servent à former des terre-pleins sur lesquels s'élèveront les établissements de la Compagnie.

Le profil transversal du canal offre une profondeur d'eau de 8 mètres, sur 22 mètres de largeur au plafond, et 100 mètres de largeur au niveau de l'eau ; au droit des seuils, cette largeur est provisoirement réduite à 58 mètres.

§ 2. — Matériel.

On voit par l'exposé précédent que l'on a tiré admirablement parti de toutes les dépressions naturelles du sol pour diminuer les terrassements ; cependant, le volume à extraire s'élève encore à 74 millions de mètres cubes ; pour trouver un terme de comparaison qui en donne une idée, on peut rappeler que les travaux de chemins de fer comportent en moyenne un déblai d'environ 45,000 mètres par kilomètre ; les travaux du canal correspondraient donc au mouvement de terre de 1,600 kilomètres de chemin de fer.

Cet énorme travail devait s'effectuer en plein désert. En Égypte, depuis l'antiquité la plus reculée, des œuvres colossales ont été exécutées à bras d'hommes ; l'idée de recourir à ce système rudimentaire et conforme aux traditions locales se présentait naturellement : les chantiers furent organisés en conséquence, et, en 1863, 4,500,000 mètres cubes avaient déjà été déblayés par ce moyen ; l'expérience a montré que dans ce pays c'est encore le plus efficace et le plus économique. Malgré des difficultés inouïes, la Compagnie réussit à éviter les dangers que tous craignaient pour elle et, le plus redouté, l'excessive mortalité sur les chantiers, qui avait signalé des travaux offrant quelque analogie avec ceux de Suez, à Panama, dans l'Inde, et sur un théâtre voisin, au chemin de fer du Caire. C'était une première et une éclatante victoire sur la nature et sur le désert, d'un heureux augure pour l'avenir ; elle restera un des plus beaux titres d'honneur acquis à l'illustre promoteur du canal des deux mers et à ses courageux et habiles coöpérateurs. Cependant un jour vint où, par suite de circonstances que nous n'avons pas à rappeler, le concours des contingents indigènes fut retiré à la Compagnie ; ses chefs envisagèrent avec résolution la situation nouvelle et imprévue qui leur était faite, et, par la création rapide d'un matériel spécial, ils se mirent bientôt en mesure de suffire à la tâche immense qu'il leur restait à remplir. Ce matériel comprend aujourd'hui les appareils les plus puissants et les plus ingénieux que l'on ait jamais appliqués aux travaux de terrassement : les uns sont destinés à l'extraction, les autres au transport et au déchargement des déblais ; il en est qui accomplissent toutes ces fonctions à la fois ; les principaux sont les suivants ; la plupart ont été créés par deux ingénieurs éminents, MM. Borel et Lavalley :

1° Dix-huit dragues à vapeur de 14 à 18 chevaux ; elles ont fait les premiers travaux de Port Said, elles servent aujourd'hui à préparer le passage pour les grandes dragues ; quelques-unes sont munies de couloirs inclinés de 6 à 8 pour 100, où les déblais, entraînés par leur propre poids et par l'eau élevée avec eux, descendent d'eux-mêmes et vont se déverser sur les berges à une distance de 22 mètres ; ce système des longs couloirs caractérise de la manière la plus neuve et la plus heureuse le matériel de l'isthme.

2° Vingt grandes dragues de 35 chevaux avec des élindes de 19^{m}50 et des treuils à vapeur pour la manœuvre des chaînes de papillonnage ; la plupart sont munies de couloirs de 25 mètres.

3° Quarante dragues de même force que les précédentes, dont la moitié sont munies de couloirs de 70 mètres de long. C'est dans ces appareils que se manifestent les plus remarquables perfectionnements et les plus beaux résultats obtenus ; leur rendement atteint 1,800 à 2,000 mètres cubes par jour, on a même été jusqu'à 2,600 mètres. Les coques sont en fer et ont 33 mètres de long sur 8^{m}26 de large : elles tirent 1^{m}50. L'axe du tourteau supérieur est à 14^{m}70 au-dessus de l'eau ; les godets ont une capacité de 400 litres.

Les couloirs ont une section demi-elliptique, leur largeur est de 1^{m}50 ; ils sont consolidés par deux poutres à larges treillis qui reposent, vers le tiers de leur longueur, sur un chaland spécial en fer par l'intermédiaire d'un échafaudage articulé. Cet ensemble est rendu solidaire de la drague et contribue à la rendre extrêmement stable, malgré sa hauteur. Une chaîne sans fin munie de palettes facilite le mouvement des déblais ; deux pompes rotatives installées sur la drague versent le supplément d'eau nécessaire à leur entraînement.

Ces machines exécutent le creusement du canal dans toutes les parties où la hauteur des berges permet l'emploi des couloirs ; telle est la traversée des lacs Menzaleh et Ballah.

4° Dix-huit appareils élévateurs employés dans les parties du canal où le terrain est trop élevé pour les dragues à long couloir : ces machines sont encore une innovation très-remarquable.

Chacune d'elles consiste en deux poutres en fer à treillis de 45 mètres de longueur, placées perpendiculairement à l'axe du canal et portant une voie de fer inclinée à 0^{m}23 environ ; elles reposent, d'une part, sur un chemin de fer construit sur la berge par l'intermédiaire d'un chariot mobile, d'autre part, sur un chaland à flot ; elles dépassent leur premier point d'appui de 20 mètres et le second de 8 mètres ; toutes les attaches sont articulées de manière à laisser le jeu nécessaire aux oscillations auxquelles les appareils sont exposés. Ils peuvent déverser les déblais à 12 mètres au-dessus de l'eau.

Sur les rails roule un chariot mis en mouvement au moyen de chaînes commandées elles mêmes par un moteur à vapeur fixé à l'appareil. La manœuvre se fait de la manière suivante : le chariot est amené au bas de sa course, au-dessus d'un bateau portant les caisses pleines de déblai ; une de ces caisses est accrochée aux chaînes ; la machine motrice est mise en mouvement ; les chaînes soulèvent la caisse jusqu'à venir toucher le chariot, ensuite elles entraînent celui-ci et l'élèvent jusqu'à l'extrémité des rails dominant la berge ; en arrivant à ce point, la caisse se renverse et se vide par l'effet de deux galets dont elle est munie vers son arrière ; ces galets s'engagent dans des guides qui l'obligent à basculer au moment voulu ; elle est ensuite ramenée sur le bateau par un mouvement inverse et remplacée par une autre.

Chaque drague est desservie par deux élévateurs, un sur chaque rive, le plus près possible de la drague.

5° Quatre-vingt-dix chalands flotteurs destinés au service des élévateurs ; chacun d'eux porte sept caisses de 3 mètres cubes ; ils sont composés de deux longues boîtes rectangulaires en tôle de 17^m50 de long, 1^m10 de large et 1^m25 de hauteur, maintenues à 3 mètres de distance l'une de l'autre par huit cloisons en tôle entre lesquelles se placent les caisses qui plongent dans l'eau ; par cette disposition on se débarrasse de l'eau des godets et on place les caisses aussi bas que possible, ce qui permet d'utiliser les dragues basses à déversoirs courts et très-inclinés.

6° Trente bateaux porteurs pour emmener et jeter au large les déblais exécutés dans le voisinage de la mer ou des lacs ; ils peuvent contenir 180 à 200 mètres cubes et se vident instantanément au moyen de six paires de portes ménagées dans leurs flancs ; ils sont munis d'une machine à hélice de 50 chevaux et filent 6 à 7 nœuds.

7° Trente-sept gabares à clapets de fond employées dans les lagunes ou bassins artificiels ; elles portent 125 mètres cubes de déblai et ont un tirant d'eau de 1^m50.

8° Trente gabares à clapets latéraux pour les petits fonds.

Ce matériel est employé dans les conditions ordinaires sur la plus grande partie du canal ; il a été adapté à l'excavation du seuil du Sérapeum par un expédient très-hardi et très-ingénieux ; ce seuil est à peu près à la même hauteur que le plan d'eau du canal d'eau douce par son travers, c'est-à-dire à environ 6 mètres au-dessus du niveau du canal maritime, il présente, par rapport à ce niveau, des dépressions assez étendues et il est accompagné d'éminences qui forment autour de ces dépressions une ceinture presque continue. On a complété cette ceinture par quelques terrassements; on a introduit, par une dérivation, les eaux douces du Nil dans l'enceinte ainsi obtenue et on l'a transformée en un bassin artificiel où les dragues et les chalands porteurs ont été introduits. Grâce à cette heureuse combinaison, le déblai de ce point élevé s'opère par les mêmes procédés mécaniques que le reste du canal ; rien ne sera plus aisé, la profondeur convenable une fois atteinte, que de vider le bassin artificiel et d'établir la communication avec le canal maritime.

Au seuil d'El Guisr un autre système est employé : le déblai est exécuté par des excavateurs ou dragues à sec. Ces appareils comprennent une élinde munie de 18 godets; ils sont pourvus de deux machines motrices, l'une est attelée à la chaîne à godets, l'autre se charge de faire progresser l'appareil; l'ensemble est porté par un chariot mobile sur un chemin de fer et pèse 22,000 kilogrammes. Le rendement est de 750 mètres cubes de déblai en 10 heures de travail dans les sables peu résistants qui forment le seuil; un tender porte les approvisionnements d'eau et de combustible nécessaires au service des moteurs. Les déblais sont transportés au loin par des trains de wagons remorqués par des locomotives.

Le matériel dont nous venons d'énumérer les principaux éléments représente un capital de 60 millions, il est presque entièrement livré; les tâtonnements inséparables de la mise en marche de mécanismes nouveaux sont épuisés; les petites imperfections que la pratique a révélées sont corrigées; le personnel est formé; dans les premiers jours de l'année 1868, 60 grandes dragues fonctionneront; le cube de terrassement exécuté chaque mois atteindra facilement deux millions de mètres ; sur un total de 74 millions, il en reste 40 à extraire.

On peut donc prévoir, sans être taxé d'exagération, que, dans vingt mois, c'est-à-dire, dans le second semestre de l'année 1869, le canal de l'isthme de Suez sera creusé dans toute son étendue à la profondeur de 8 mètres, suffisante pour donner passage aux plus grands navires. Ce sera un solennel et nouveau démenti donné à ceux qui prétendent que la race française est dépourvue de l'esprit de suite et de persévérance.

L'expérience de plusieurs années a fait justice de quelques appréhensions qui avaient été manifestées dans la période des études. Le profil transversal du canal a été modifié de manière à éviter toute dégradation des talus; dans les terrains argileux des lagunes, aucun soulèvement du fond ne se produit sous la pression due au poids des banquettes. L'apport de sable par les vents du désert est complétement insignifiant. La navigation de la mer Rouge, aujourd'hui bien connue, n'offre aucunement les dangers exceptionnels qu'on avait signalés avec une certaine ostentation : quand ses côtes seront illuminées par un nombre de phares suffisant, elle sera aussi facile à parcourir de nuit que de jour sous le ciel toujours clair de ces climats.

§ 3. — Situation financière.

La Compagnie universelle de l'isthme de Suez a été formée au capital de 200 millions. Cette somme, qui avait paru d'abord devoir couvrir toutes les dépenses, s'est trouvée insuffisante par suite de diverses circonstances; les difficultés politiques ont retardé l'ouverture des travaux et occasionné un grand accroissement des frais généraux, notamment des intérêts à servir aux actionnaires pendant la période de construction : cette dernière dépense seule atteint 74 millions;

La suppression du concours des ouvriers indigènes a occasionné de nouveaux délais, elle a nécessité la création d'un matériel qui coûte 60 millions; à la suite de ces difficultés, les conventions primitives intervenues entre la Compagnie et le vice-roi d'Égypte furent révisées par arbitrage de S. M. l'Empereur des Français ; la compagnie a reçu, en exécution de la décision impériale, une indemnité de 84 millions en échange de l'annulation du décret qui assurait le recrutement de ses chantiers et de la cession au vice-roi d'Égypte du canal d'eau douce et des terrains qui avaient été concédés. La vente du domaine de l'Ouady a produit 6,600,000 francs, les placements de fonds ont rapporté 17 millions. Ces diverses opérations, accrues de quelques autres recettes, ont porté à 309,200,000 francs le total des ressources pécuniaires de la Compagnie au 30 juin 1867. Elle a cru devoir y ajouter un emprunt de 100 millions à émettre en obligations de 300 francs et y a été autorisée par l'assemblée générale du 1er août 1867; cet emprunt est aujourd'hui en partie réalisé. La Compagnie a encore en réserve une richesse considérable en terrains disponibles situés sur les bords du canal, dont la valeur s'améliore tous les jours, et dans son matériel, qui est entièrement construit en fer, et qui, dans l'espace des deux années pendant lesquelles il doit encore fonctionner, ne saurait subir de dépréciation bien considérable.

On est donc bien fondé à espérer qu'aucun nouvel obstacle ne viendra entraver la marche si nettement tracée des travaux, et que, avant la fin de 1869, un succès aussi grand que bien mérité viendra couronner cette entreprise, appelée à exercer une si grande influence sur l'avenir de l'ancien monde.

III

TERRES CUITES ET POTERIES,

—

Les terres cuites et poteries ne peuvent être appréciées dans les Rapports de la classe 65 qu'au point de vue de leurs applications à l'art de construire. A cet égard on est d'abord frappé d'un premier fait : l'emploi de plus en plus général des formes justement recommandées à l'attention publique par les récompenses accordées dans les précédentes Expositions Universelles. Ainsi, les briques creuses de MM. Borie sont devenues d'un usage constant; elles se fabriquent aujourd'hui dans tous les pays, tandis que la maison qui a créé cette industrie à Paris continue à soutenir son ancienne réputation. La même observation s'applique aux tuiles de MM. Gilardoni, d'Altkirch (Haut-Rhin) : les formes primitives de ces tuiles ont été perfectionnées par leurs inventeurs dans quelques détails ; d'autres personnes ont cherché à les améliorer avec plus ou moins de succès, mais la plupart des spécimens présentés à l'Exposition dérivent du type créé par MM. Gilardoni et en reproduisent les dispositions essentielles.

Un progrès sensible se manifeste dans le choix des matières premières, ainsi que dans les procédés et engins de fabrication ; la libéralité avec laquelle l'administration, dans le but de favoriser les travaux de drainage, a répandu dans les campagnes de bonnes machines à traiter la terre, a contribué, en France, à ces heureux effets. L'examen de ces appareils était confié à d'autres classes.

En Allemagne, les fours annulaires de M. Frédéric Hoffmann, de Berlin, réalisent des améliorations considérables, qui ne sont pas encore appréciées partout ; les ingénieuses dispositions de ces fours simplifient les opérations de la cuisson et assurent une économie très-notable de combustible ; ils ont été fort remarqués ; ce ne sera pas dépasser les bornes qui conviennent à ce Rapport que d'essayer d'en signaler les principaux avantages.

Le four se compose essentiellement d'une galerie annulaire de deux mètres de haut sur trois de large, dans laquelle on pénètre par des portes ménagées dans le mur extérieur. Le combustible est introduit par un grand nombre de petites ouvertures pratiquées dans le dessus, ou extrados, de la galerie. Les produits de la combustion s'échappent en contre-bas par des conduits dirigés vers une cheminée centrale et pourvus de trappes régulatrices. Des registres verticaux en tôle, également espacés et en nombre égal aux conduits de fumée, permettent d'établir à volonté des cloisons transversales divisant la galerie annulaire en compartiments égaux.

Ce four, ainsi disposé, fonctionne sans discontinuité de la manière suivante : supposons-le en action ; l'un des grands registres en tôle sera fermé : dans la galerie, d'un côté de ce registre, à gauche par exemple, la trappe du conduit de fumée le plus voisin sera levée ; toutes les autres trappes seront baissées ; de l'autre côté, les deux portes extérieures correspondant aux compartiments les plus voisins du registre, à droite, seront ouvertes ; par la première s'opèrera l'enfournement des poteries crues, par la seconde aura lieu le défournement des produits cuits ; en suivant la galerie de la gauche vers la droite, on y rencontrera successivement des produits cuits se refroidissant, des produits à la température rouge, des objets soumis au plus grand feu, et, à partir de là, en achevant le circuit jusqu'au registre baissé, des objets se réchauffant progressivement et soumis à tous les degrés intermédiaires de chaleur, entre le feu le plus intense et le plus modéré.

On reconnaît par les indications précédentes que l'air frais entrant dans le four par les deux portes ouvertes pour l'enfournement et le défournement se réchauffe de plus en plus, en passant sur les poteries cuites, à mesure qu'il approche de la partie du four en ignition ; il arrive à la plus haute température au point où la combustion se produit, et, à partir de ce point, il se dirige vers le dernier orifice d'évacuation, en abandonnant successivement sa chaleur aux objets enfournés qu'il rencontre, jusqu'aux derniers, voisins du registre baissé, qui sont en quelque sorte simplement enfumés. Quand l'enfournement et le défournement sont terminés à l'origine du circuit, on baisse le registre en tôle qui fait suite à celui dont il vient d'être question, on lève celui-ci, et la même série d'opérations se reproduit de proche en proche indéfiniment. Ces dispositions sont parfaitement combinées pour graduer l'action de la température et produire une grande économie de combustible: M. Hoffmann annonce que cette économie atteint les deux tiers de la quantité consommée dans les fours ordinaires. Il est d'ailleurs facile, au moyen des nombreuses ouvertures qui servent à l'introduction de ce combustible et des registres, de se rendre compte des progrès de la cuisson et d'en modérer ou d'en accroître à volonté l'activité.

Ces appareils sont propres à la cuisson des chaux, ciments et autres matières analogues, aussi bien qu'à celle des terres cuites.

Plus de deux cents fours du système Hoffmann fonctionnent en Allemagne, et environ une trentaine en Angleterre. Le vaste établissement de M. Henri Drasché, à Vienne (Autriche), en occupe à lui seul dix-neuf, qui sont en état de produire chacun 8 millions de briques par an. Les produits de cette immense usine ont particulièrement attiré l'attention : M. Drasché fait travailler plus de 4,500 ouvriers, et sa fabrication annuelle s'élève à 198 millions de briques ; elle comprend, en outre, les divers objets en terre cuite employés dans les bâtiments, et les motifs d'ornements, frises, chapiteaux, bas-reliefs, vases, statues, très-employés à la décoration des édifices en Autriche, où la pierre sculptée est considérée comme trop chère : plusieurs des plus importants monuments de Vienne sont construits avec ces matériaux.

Les produits des anciennes et célèbres manufactures anglaises de MM. Minton, Blanchard, Pulham, Cliff, Maw, Doulton, etc., continuent à se faire remarquer par leur variété, leur solidité, la grande dimension des pièces, qui ne nuit pas à leur bonne cuisson, et par l'emploi, même dans les poteries les plus communes, de vernis qui paraissent de très-bonne qualité et offrent de précieuses garanties d'inaltérabilité.

M. Boni, de Milan (Italie), cherche à faire revivre dans ses ornements en terre les gracieuses créations de la Renaissance, dont la Lombardie offre de célèbres modèles. MM. March, de Berlin, et Augustin, de Lauban (Prusse), ont envoyé de remarquables spécimens de ce système de décoration, dont les architectes modernes de l'Allemagne ont fait un fréquent usage. MM. Muller, Garnaud et Dumont fabriquent en France des ornements du même genre, d'après les modèles créés par les artistes les plus distingués ; mais les conditions plus favorables où nous sommes placés en France, sous le rapport des approvisionnements de matériaux, permettent de les appliquer plus spécialement aux toitures ; un heureux changement s'est opéré à cet égard dans nos habitudes ; il n'est plus permis de considérer les toitures comme un appendice indigne de l'attention de l'architecte et abandonné aux ouvriers couvreurs et fumistes : les lignes qui terminent un noble édifice et détachent sa silhouette sur le ciel appellent une décoration spéciale ; la variété infinie des formes auxquelles se prêtent les terres cuites justifie amplement leur emploi dans ces conditions, et quelques exemples précieux légués par le passé nous encouragent à entrer de plus en plus dans cette voie.

La fabrication des carreaux en terre, nue, vernie ou émaillée, décorée de dessins rehaussés de vives couleurs, si propres à former des revêtements sains, élégants, d'une propreté brillante et d'un facile entretien, est représentée par de nombreux envois. Les industriels anglais, et notamment MM. Minton, ont créé des modèles très-distingués de ce genre d'ornements. L'Allemagne, l'Italie, l'Espagne, la France, présentent une grande variété de systèmes de carrelages, et l'on remarque avec satisfaction que plusieurs producteurs ont su s'abstenir de réminiscences archéologiques. L'Orient, à cet égard, paraît rester fidèle à ses antiques traditions; on ne peut que s'en féliciter, en admirant les heureux effets du contraste des couleurs et du dessin bizarre des carreaux qui ornent les édifices élevés dans le parc de l'Exposition par l'Égypte, la Turquie, Tunis et le Maroc.

En résumé, l'industrie des terres cuites appliquées aux constructions paraît en voie de progrès; l'introduction du four annulaire de M. Hoffmann est un fait important et ne peut que la favoriser. Il est permis de croire que la multiplication des constructions métalliques n'a pas été sans influence sur ces améliorations; ces matériaux artificiels s'allient très-bien au fer; la fabrication a reçu en même temps une vive impulsion de la création des chemins de fer, qui mettent le combustible à la portée des bons bancs argileux dans des conditions meilleures et ouvrent aux fabriques de nombreux débouchés. Cette industrie est de celles qui exercent une action des plus salutaires sur le bien-être et la salubrité publique, en livrant à la consommation des matériaux économiques et durables, d'une pose facile, très-propres aux travaux d'assainissement des villes et des habitations : ses matières premières sont de peu de valeur; les frais de main-d'œuvre et de transport grèvent lourdement ses prix de revient ; il est à désirer que ses intérêts soient pris en sérieuse considération dans les questions de viabilité et de tarifs sur lesquelles l'administration peut exercer une action directe.

TABLE DES MATIÈRES

———

I

ROUTES ET PONTS, NAVIGATION INTÉRIEURE, FONDATIONS
ET OPÉRATIONS DIVERSES,

CHAPITRE I.

ROUTES.

CHAPITRE II.

PONTS ET VIADUCS EN MAÇONNERIE.

CHAPITRE III.

PONTS ET VIADUCS MÉTALLIQUES.

CHAPITRE IV.

CHAPITRE V.

CHAPITRE VI.

RÉSUMÉ.

II

PERCEMENT DE L'ISTHME DE SUEZ.

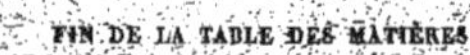

FIN DE LA TABLE DES MATIÈRES.

Paris. — Imp. Paul Dupont, rue de Grenelle-Saint-Honoré, 45.